中國地方政府專項債券政策與案例

北京泓創智勝諮詢有限公司 編著

財經錢線

前　言

　　地方政府發行專項債券，旨在通過積極深化財政與金融互動，引導社會資本加大投入，保障重點領域合理融資需求，更好地發揮財政金融政策對穩增長、促改革、調結構、惠民生、防風險的作用。圍繞健全、規範地方政府舉債融資機制，國務院、財政部會同相關部門制定了一系列的政策措施。其中標誌性的政策，一是2014年9月國務院發布的《國務院關於加強地方政府性債務管理的意見》（國發〔2014〕43號），明確規定了地方政府依法適度舉債的權限；二是2015年1月1日起實施的《中華人民共和國預算法》（2014年修正版，以下簡稱新《預算法》）指出，經國務院批准的省、自治區、直轄市的預算中必需的建設投資的部分資金，可以通過發行地方政府債券舉借債務的方式籌措，除此之外，地方政府及其所屬部門不得以任何方式舉借債務。新《預算法》的出抬，用法律法規的形式進一步明確了債券的發行主體、專項債務管理與債券發行以及實施地方政府債務監督的相關規定。所以說，國發〔2014〕43號文及新《預算法》等相關法律法規的發布，為地方政府發行地方政府債券提供了政策和法律依據。此外，從2017年開始，財政部相繼下發了土地儲備、收費公路、項目收益與融資自求平衡、棚改四類專項債券管理辦法，進一步規範了地方政府債券發行管理原則及相關標準。

　　從2017年12月中國第一只項目收益與融資自求平衡專項債券——深

圳軌道交通專項債券的發行開始，各地政府開始大規模發行專項債券，以滿足地方政府在生態、環保、鄉村振興、文化旅遊、城鄉基礎設施建設等方面的投融資需求。2018年年末，第十三屆全國人大常委會第七次會議提前下達了2019年部分新增地方政府債券額度，旨在更好地發揮積極的財政政策的作用，加快建設進度，保障重點建設項目的資金需求。2019年「兩會」期間，國務院政府工作報告更是明確提出積極的財政政策要加力提效。

　　截至2019年8月31日，全國37個省、自治區、直轄市、計劃單列市累計發行了966只地方政府債券，合計發行39,626.08億元。其中新增專項債券20,057.47億元、一般債券8,893.36億元、再融資債券9,746.98億元、置換債券928.27億元。地方政府專項債券是一個新興的債券品種，關於地方政府專項債券的政策匯編、項目品種、債券申報、發行流程等，還處於探索、創新、改革和完善的過程中。泓創智勝團隊作為國內最早一批從事地方政府專項債券政策研究分析及項目方案編製的專業公司之一，完成了全國首只鄉村振興及全國首只旅遊扶貧專項債券項目方案的設計及編寫工作，並且與眾多的基層政府和項目單位進行了充分的溝通，有著豐富的項目實踐經驗。本書通過對專項債券全流程的梳理以及大量實務案例的分析，希望給予您在專項債券的申報、發行方面一定的指導和幫助。

目　錄

第一章　中國地方政府專項債券政策背景 ………………… 001
第一節　專項債券法律及政策依據 …………………… 003
第二節　四類專項債券管理辦法 ……………………… 006
第三節　廳字〔2019〕33 號文及其他政策 ……………… 008

第二章　地方政府專項債券政策解讀 ……………………… 011
第一節　財預〔2017〕89 號文政策解讀 ………………… 013
第二節　財預〔2018〕161 號文政策解讀 ……………… 017
第三節　財庫〔2019〕23 號文及政府投資條例解讀 …… 025
第四節　廳字〔2019〕33 號文政策解讀 ………………… 031

第三章　地方政府專項債券申報、發行工作流程 ………… 037
第一節　項目準備 ……………………………………… 039
第二節　項目審核 ……………………………………… 041
第三節　項目限額管理 ………………………………… 042
第四節　債券發行 ……………………………………… 042
第五節　後續管理 ……………………………………… 043

第四章　項目實操流程 ……………………………………… 045
第一節　項目確定階段 ………………………………… 047
第二節　項目實施階段 ………………………………… 049
第三節　底稿交付階段 ………………………………… 050
第四節　後續服務 ……………………………………… 051

第五章　全國統計數據分析（2018—2019 年） ········· 053
　第一節　2018 年新增地方政府債券發行數據分析 ········· 055
　第二節　2019 年新增地方政府債券發行數據分析 ········· 063
　第三節　2018 年與 2019 年發行情況對比 ················ 072
　第四節　地方債券櫃臺發售情況 ·························· 074

第六章　項目收益專項債券案例分析 ····················· 077
　第一節　土地儲備項目案例 ······························· 079
　第二節　棚戶區改造項目案例 ····························· 087
　第三節　收費公路項目案例 ······························· 098
　第四節　鄉村振興項目案例 ······························· 109
　第五節　城鄉基礎設施建設項目案例 ····················· 123
　第六節　工業園區建設項目案例 ·························· 139
　第七節　旅遊項目案例 ··································· 153
　第八節　醫院類項目案例 ································· 164
　第九節　學校類項目案例 ································· 173
　第十節　城市軌道項目案例 ······························· 181
　第十一節　交通運輸類項目案例 ·························· 190
　第十二節　水務建設項目案例 ····························· 199
　第十三節　綜合管廊項目案例 ····························· 208
　第十四節　體育場所項目案例 ····························· 218
　第十五節　生態環保項目案例 ····························· 228
　第十六節　土地整理與改造項目案例 ······················ 238
　第十七節　其他特殊項目案例 ····························· 253

附件　地方政府專項債券法律法規及政策文件目錄匯總 ········· 261

第一章

中國地方政府專項債券政策背景

第一節　專項債券法律及政策依據

2014年9月，國務院發布《國務院關於加強地方政府性債務管理的意見》（國發〔2014〕43號），明確規定了地方政府舉債權限。2015年1月1日起實施的《中華人民共和國預算法》（2014年修正版，以下簡稱新《預算法》）以法律法規的形式，再次明確允許地方政府直接發行債券舉債，不得再通過地方政府融資平臺或企業渠道舉債。新《預算法》及國發〔2014〕43號文的發布為地方政府發行地方專項債券提供了法律和政策依據。相關法律法規詳見圖1-1所示。

一、新《預算法》中關於地方政府發行專項債券的有關規定

經國務院批准的省、自治區、直轄市的預算中必需的建設投資的部分資金，可以在國務院確定的限額內，通過發行地方政府債券舉借債務的方式籌措。

舉借債務的規模，由國務院報全國人民代表大會或者全國人民代表

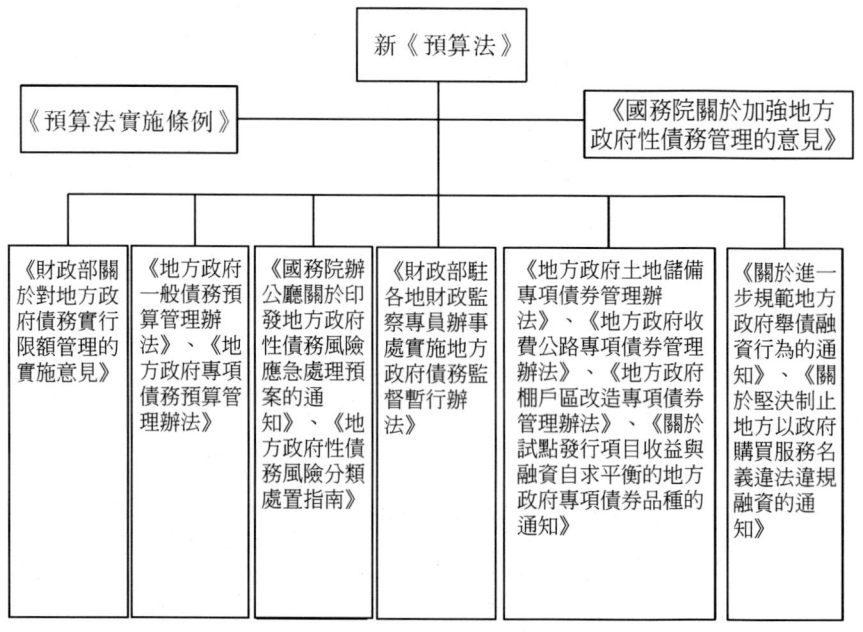

圖 1-1　地方政府專項債券政策背景圖

大會常務委員會批准。省、自治區、直轄市依照國務院下達的限額舉借的債務，列入本級預算調整方案，報本級人民代表大會常務委員會批准。

舉借的債務應當有償還計劃和穩定的償還資金來源，只能用於公益性資本支出，不得用於經常性支出。

除前款規定外，地方政府及其所屬部門不得以任何方式舉借債務。

二、《國務院關於加強地方政府性債務管理的意見》(國發〔2014〕43 號) 中關於地方政府發行專項債券的有關規定

經國務院批准，省、自治區、直轄市政府可以適度舉借債務，市縣級政府確需舉借債務的，由省、自治區、直轄市政府代為舉借。

明確劃清政府與企業界限，政府債務只能通過政府及其部門舉借，不得通過企事業單位等舉借。

地方政府舉債採取政府債券方式。沒有收益的公益性事業發展確需政府舉借一般債務的，由地方政府發行一般債券融資，主要以一般公共預算收入償還。有一定收益的公益性事業發展確需政府舉借專項債務的，由地方政府通過發行專項債券融資，以對應的政府性基金或專項收入償還。

一般債券與專項債券的區別如圖 1-2 所示：

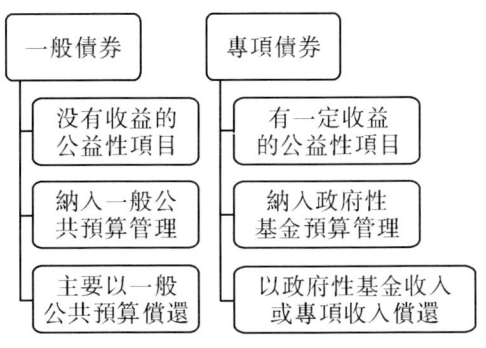

圖 1-2　一般債券與專項債券的區別

2015 年 4 月—2016 年 12 月，財政部相繼下發了《地方政府專項債券發行管理暫行辦法》（財庫〔2015〕83 號）、《地方政府一般債務預算管理辦法》（財預〔2016〕154 號）以及《地方政府專項債務預算管理辦法》（財預〔2016〕155 號），對地方政府發行的一般債券及專項債券進行分類闡述，從發行用途以及償還債務的資金來源等方面做了明確的界定。但在實際的專項債券和一般債券發行中仍存在諸多問題，諸如過度依賴土地償債、資金來源單一、項目發行定價市場化程度不夠、項目缺乏必要的風險控制機制等問題。

第二節　四類專項債券管理辦法

2017年7月—2018年4月，財政部會同其他相關部門先後下發了四個地方政府專項債券管理辦法，分別是《關於印發〈地方政府土地儲備專項債券管理辦法（試行）〉的通知》（財預〔2017〕62號）、《關於試點發展項目收益與融資自求平衡的地方政府專項債券品種的通知》（財預〔2017〕89號）、《關於印發〈地方政府收費公路專項債券管理辦法（試行）〉的通知》（財預〔2017〕97號）、《關於印發〈試點發行地方政府棚戶區改造專項債券管理辦法〉的通知》（財預〔2018〕28號）。四個管理辦法從適用範圍、發行主體、項目條件、預算管理、使用範圍等方面詳細地規定了地方政府發行四大類專項債券的具體辦法。

一、土地儲備專項債券

2017年5月16日，財政部、原國土資源部印發財預〔2017〕62號文。財預〔2017〕62號文是中國政府第一個明確為特定領域發行專項債券的管理辦法，具有先試先行的作用。土地儲備專項債券是指地方政府為土地儲備發行，以項目對應並納入政府性基金預算管理的國有土地使用權出讓收入或國有土地收益基金收入償還的地方政府專項債券。它的還款來源是國有土地使用權出讓收入或土地收益基金收入。

從下發的通知來看，發行土儲專項債需要具備以下幾點要求：一是擬發行債券的項目首先應該是土地儲備項目；二是實施機構應為納入國土資源部名錄管理的土地儲備機構；三是該項目地塊土地權屬明確；四是發債項目必須具備市縣級以上徵地批文或收儲協議。

二、項目收益與融資自求平衡專項債券

2017年6月2日，財政部發布《關於試點發展項目收益與融資自求平衡的地方政府專項債券品種的通知》（財預〔2017〕89號）。通知的下發，打開了中國專項債券品種創新的新局面。專項債券發行涉及的範圍包括鄉村振興、旅遊扶貧、安置還房、工業園區建設、生態環保、水務建設、地下綜合管廊建設、公園社區、學校建設、軍民融合等領域。從目前全國發行情況來看，該類專項債券創新品種已經超過50個，涉及近20個行業領域。

該類專項債券的發行要點主要有：一是符合國家大政方針或重大戰略規劃；二是有一定收益的公益性項目，非公益經營性項目不得發債；三是項目收益能夠覆蓋債券本息。

三、收費公路專項債券

2017年6月26日，財政部、交通運輸部印發關於《地方政府收費公路專項債券管理辦法（試行）》的通知（財預〔2017〕97號）。

收費公路專項債券是指地方政府為發展政府收費公路舉借，以項目對應並納入政府性基金預算管理的車輛通行費收入、專項收入償還的地方政府專項債券。收費公路主要是指國家及地方高速公路、收費一級公路等。專項收入主要指政府收費公路項目對應的廣告收入、服務設施收入、收費公路權益轉讓收入等。

收費公路專項債券發行的要點在於：一是資本金來源為財政性資金且符合國發〔2015〕51號文相關規定（資本金占總投資的25%以上）；二是該收費公路是否擁有收費立項及車輛通行費收入；三是該收入是否能夠反應為政府性基金收入。

四、棚戶區改造專項債券

2018 年 3 月 1 日，財政部、住房與城鄉建設部印發《試點發行地方政府棚戶區改造專項債券管理辦法》的通知（財預〔2018〕28 號）。棚戶區改造專項債券，是指遵循自願原則、納入試點的地方政府為推進棚戶區改造發行，以項目對應並納入政府性基金預算管理的國有土地使用權出讓收入、專項收入償還的地方政府專項債券。棚戶區改造，是指納入國家棚戶區改造計劃，依法實施棚戶區徵收拆遷、居民補償安置以及相應的騰空土地開發利用等的系統性工程，包括城鎮棚戶區（含城中村、城市危房）、國有工礦（含煤礦）棚戶區、國有林區（場）棚戶區和危舊房、國有墾區危房改造項目等。專項收入包括屬於政府的棚改項目配套商業設施銷售、租賃收入以及其他收入。

棚戶區改造專項債券發行的要點：一是納入國家棚戶區改造計劃；二是安置方式要符合國家相關政策；三是資本金來源為財政性資金，資本金比例符合國發〔2009〕27 號文相關規定。

總之，地方政府專項債券的核心在於：既要是符合國家政策要求的有一定收益的公益性項目，又要求收益能夠覆蓋債券本息。

第三節　廳字〔2019〕33 號文及其他政策

2019 年 6 月 10 日，中共中央辦公廳、國務院辦公廳印發《關於做好地方政府專項債券發行及項目配套融資工作的通知》（廳字〔2019〕33 號，以下簡稱 33 號文）。隨後，財政部、發改委、人民銀行、審計署、銀保監會、證監會有關負責人就「兩廳」33 號文回答了記者提問。「兩

廳」33 號文指出，要按照堅定、可控、有序、適度的要求，進一步健全地方政府舉債融資機制，推進專項債券管理改革，在較大幅度增加專項債券規模基礎上，加強宏觀政策協調配合，保持市場流動性合理充裕，做好專項債券發行及項目配套融資工作，促進經濟運行在合理區間。

從 33 號文的主要內容來看，與此前發布的專項債券政策有兩大主要區別：一是積極鼓勵金融機構提供配套融資支持。此前的一系列政策都沒有提到專項債券配套融資問題，我們在以往的專項債項目實施方案的編製過程中，甚至還明確指出沒有第三方融資，以此來防控資金使用風險，確保專項債資金在使用上封閉運行。二是允許專項債資金作為符合條件的重大項目資本金。這方面也與此前政策存在很大不同。目前地方政府投資項目的資本金比例是按照《國務院關於調整和完善固定資產投資項目資本金制度的通知》（國發〔2015〕51 號）來執行的，政府投資項目資本金的主要來源為政府財政資金，而「兩廳」33 號文明確指出專項債券資金可以作為符合條件的重大項目資本金。

2019 年 6 月 21 日，財政部、自然資源部印發了《土地儲備項目預算管理辦法（試行）》（財預〔2019〕89 號）。本次土地儲備新規與之前的《地方政府土地儲備專項債券管理辦法（試行）》相比，主要變化在於：一是從此次試點的範圍來看，主要集中在北京、天津、河北、河南、浙江、廈門 6 省（市），並未在全國推行；二是從主要內容來看，要求土地儲備項目要實現總體收支平衡和年度收支平衡；三是增加土地儲備項目的項目庫管理，制訂土地儲備三年滾動計劃、年度儲備計劃；四是根據土地儲備項目收支平衡的情況（主要是指收大於支、收小於支），明確規定了專項債券的發行規模；五是明確土地儲備項目的項目庫管理、預算編製與批復、預算執行與調整、決算與審計工作中涉及的相關政府部門的具體職能和詳細

工作流程。

　　總體來說，面對國內經濟下行的壓力，穩增長、穩投資變成了當下經濟發展的中心任務。宏觀政策上，加大逆週期調節力度成為主旋律，一系列政策文件的出抬也表明了積極的財政金融政策要加力提效，促使經濟平穩健康運行。

第二章

地方政府專項債券政策解讀

第一節　財預〔2017〕89號文政策解讀

2017年6月2日，財政部發布《關於試點發展項目收益與融資自求平衡的地方政府專項債券品種的通知》（財預〔2017〕89號）。在地方政府專項債券發行管理辦法及諸多政策中，財預〔2017〕89號文具有重要的綱領性作用，是專項債務限額內依法開好「前門」、保障重點領域合理融資需求、支持地方經濟社會可持續發展的重要管理創新，同時也有利於遏制違法違規融資擔保行為、防範地方政府債務風險的發生。因此，對89號文的政策解讀尤其重要。

一、政策背景及目標

89號文是落實新《預算法》和《國務院關於加強地方政府性債務管理的意見》（國發〔2014〕43號）精神的具體體現，主旨是打造立足中國國情、從中國實際出發的地方政府「市政項目收益債」，防範化解地方政府專項債務風險，發揮專項債對地方經濟可持續發展的支持作用。

【解讀】

（1）項目收益債必須對應具體的項目。

（2）項目必須是地方政府的項目，由主管部門或者全國有公司作為實施主體。

（3）其主導作用為穩增長、穩投資。

時至今日，再看財預〔2017〕89號文，感覺其意義更加重大。國內經濟轉型和中美貿易戰的雙重壓力，使得經濟下行壓力愈加突出。尤其是進入2019年以來，項目收益自求平衡專項債券發揮的意義更加重大，對地方穩增長、穩投資、促改革、調結構、惠民生、防風險的支持作用更加突出。

二、債券規模

【原文】

嚴格執行法定限額管理，地方政府專項債務餘額不得突破專項債務限額。各地試點分類發行專項債券的規模，應當在國務院批准的本地區專項債券限額內統籌安排，包括當年新增專項債務限額、上年末專項債務餘額低於限額的部分。

【解讀】

（1）規模和增速明顯，從2015年的1,000億元，到2016年的4,000億元、2017年的8,000億元、2018年的13,500億元，再到2019年的21,500億元，地方政府專項債發行規模逐年大幅擴大。其增長規模和速度，與其肩負的責任相匹配，在各地區經濟建設中起到的作用越來越大。

（2）無論規模如何，都在限額之內。其發行、管理均是有序、可控的。

三、項目要求

【原文】

分類發行專項債券建設的項目，應當能夠產生持續穩定的反應為政府性基金收入或者專項收入的現金流收入，且現金流收入應當能夠完全覆蓋專項債券還本付息的規模。

【解讀】

從2018年開始到2019年8月，全國已經有超過50種創新品種涉及近20個領域的專項債券成功發行。從中可以看出，項目收益的核心為：一是能夠產生持續穩定的收入或現金流，二是現金流能夠覆蓋債券的本息。

四、省/市/縣管理責任

【原文】

專項債券可以對應單一項目發行，也可以對應同一地區多個項目集合發行，具體由市縣級財政部門會同有關部門提出建議，報省級財政部門確定。市縣級政府及其部門負責承擔專項債券的發行前期準備、使用管理、還本付息、信息公開等工作。

【解讀】

（1）項目發行既可以單一發行，也可以一個地區的多個項目集合發行。

（2）省級財政部門負責確定，具體工作由市縣級財政部門建議並執行。

五、對應資產管理

【原文】

省級財政部門應當按照財政部統一要求同步組織建立專項債券對應資產的統計報告制度。地方各級財政部門應當會同行業主管部門、項目單位等加強專項債券項目對應資產管理，嚴禁將專項債券對應的資產用於為融資平臺公司等企業融資提供任何形式的擔保。

【解讀】

（1）專項債券項目對應的資產要加強管理。
（2）管理由財政部門會同行業主管部門、項目單位一起管理。
（3）嚴禁資產用於擔保，這是明文禁止的內容。

六、償債來源

【原文】

專項債券對應的項目取得的政府性基金或專項收入，應當按照該項目對應的專項債券餘額統籌安排資金，專門用於償還到期債券本金，不得通過其他項目對應的項目收益償還到期債券本金。

【解讀】

專項債券到期後，不能用其他項目收入作為償還債券本息的資金來源，但可以是財政補貼和本項目包括的土地等其他收入。

七、項目領域

【原文】

選擇重點領域先行試點，2017 年優先選擇土地儲備、政府收費公路

2個領域在全國範圍內開展試點。鼓勵有條件的地方立足本地區實際，圍繞省（自治區、直轄市）黨委、政府確定的重大戰略，積極探索在有一定收益的公益性事業領域分類發行專項債券，以對應的政府性基金或專項收入償還，項目成熟一個、推進一個。

【解讀】

（1）核心領域就是有一定收益的公益性事業領域。

（2）2017年以土地儲備、收費公路專項債券為主，2018年以土地儲備、棚改專項債券為主。

（3）其他項目收益債覆蓋範圍廣、品種創新多，我們判斷2019年後以棚改和其他項目收益債為主。

（4）項目自身是成熟項目，不能為了發債而上項目。

第二節　財預〔2018〕161號文政策解讀

經國務院同意印發的《財政部關於支持做好地方政府專項債券發行使用管理工作的通知》（財預〔2018〕161號），是在財政政策上「開前門」，允許地方政府發行專項債券解決地方經濟可持續發展中的資金問題，但在舉債過程中需要「堵後門」。另外161號文要求各地區在規範地方政府舉債、防控債務風險的同時要合理擴大專項債券的使用範圍，加快發行進度，更好地發揮其對穩投資、擴內需、補短板的重要作用。

一、政策背景

2018年7月召開的專項債券工作會議明確了到10月底至少完成全年1.35萬億發行任務80%的要求。截至10月份，任務圓滿完成。但是，全

國各地上報專項債券項目過程中存在的問題也比較明顯，比如未對應到具體項目、未制訂融資平衡方案、未經第三方評估，以及未按規定發行和使用專項債券、未履行預算調整程序安排使用、未按規定履行程序調整用途等。

【解讀】

161號文在2018年10月31日這個時間節點發布，不僅是為了規範政府舉債，更是為了防範政府性債務風險，也是對今後專項債券工作的政策指導。

二、通知目的

【原文】

防控地方政府債務風險，同時合理擴大專項債券使用範圍，加快專項債券發行，更好發揮專項債券對穩投資、擴內需、補短板的重要作用。

【解讀】

從2018年10月份開始，各種層面的利好政策密集出抬，不難看出，政策導向開始往積極的一面轉變，而且力度空前。從2018年國家統計局公布的數據可以看出，出口、投資、消費三駕馬車都不同程度地受到影響。此時，投資開始加大，而財政部的政策更是率先出抬，無論從時間上，還是從導向上，都可以看到政策積極的一面，緊接著2019年國務院政府工作報告明確提出積極的財政政策要加力提效。

三、專項債務限額規模全額管理

【原文】

年度地方政府專項債務限額按照上年地方政府專項債務限額減去上

年到期專項債務本金償還數額，加上上年在專項債券償還規模內批准的發債額度，再加上當年新增專項債務限額確定。上年到期專項債務本金償還數額是指地方各級政府安排政府性基金收入、專項債務項目對應的專項收入（以下簡稱專項收入）償還到期專項債務本金數額。

【解讀】

再次強調了限額內可控發債：一是明確了年度地方政府專項債務限額的計算方法，各地在限額內按需發債；二是明確了上年到期專項債務本金償還數額，是用政府性基金收入或者對應的專項收入來償還。

四、存量專項債務處理

【原文】

對置換存量專項債務（即經全國人大常委會批准，清理甄別認定的截至2014年末存量專項債務）發行的專項債券，原則上允許地方政府按到期本金規模接續發行，分年逐步縮減。

【解讀】

通知不僅明確了置換的原則，而且對具體操作細節進行了非常詳細的規定。可以判斷的是，對專項債券的管理會越來越規範化、精細化。

五、專項債券接續發行

【原文】

對應到項目的，允許在同一項目週期內按到期本金規模接續發行，項目週期結束後安排政府性基金收入、專項收入償還；難以對應到項目的，允許發行債券償還，發債規模逐步縮減，縮減的部分通過政府性基金預算收入、專項收入償還。對新《預算法》施行（2015年1月1日）

後發行的新增專項債券，到期後原則上由地方政府安排政府性基金收入、專項收入償還，債券與項目期限不匹配的，允許在同一項目週期內接續發行。

【解讀】

（1）新《預算法》施行前發行的專項債券，對應到項目的，允許在同一項目週期內接續發行，項目週期結束後償還；未對應到項目的，允許發行再融資債券償還，發債規模逐步縮減。

（2）新《預算法》施行後發行的新增專項債券，原則上安排政府性基金收入、專項收入償還，債券與項目期限不匹配的，允許在同一項目週期內接續發行。

六、償債規模掛勾的激勵機制

【原文】

除按因素法分配新增專項債務限額外，考慮各地上年到期專項債務本金償還數額情況，在全國人民代表大會或其常務委員會批准的年度專項債務限額內，單獨適度增加當年專項債券發行額度，支持地方用於新建項目。

【解讀】

額度會與績效和激勵逐步掛勾，對於新建項目會適度增加額度，那麼專項債券項目的選擇將會尤其關鍵。

七、專項債券項目收支預算管理

【原文】

要在地方政府建立的專項債券項目安排協調機制下，加強部門間的

溝通協調，做好項目前期工作，確保專項債券發行收入可以迅速使用，重點用於在建項目和補短板重大項目。

【解讀】

（1）專項債券項目政府部門需要重視，需要由政府或財政部門牽頭，多部門協同，避免出現互相推諉、權責不明的情況。

（2）項目的梳理、各項批復手續的完備等前期工作非常重要。只有前期工作準備充分，項目成熟落地之後，才能更快地進行項目申報入庫及上市發行，使得專項債券收入能夠迅速使用。

（3）同時指出，專項債券資金支持的是在建項目、補短板等重大項目。

【原文】

地方各級財政部門要健全項目控制機制，嚴格將專項債券與項目相對應。

【解讀】

專項債券必須嚴格與項目對應，我們判斷今後對於標準化的土儲、棚改、收費公路等項目可能亦將如此。現階段，很多省份採用的是對全省範圍內的土儲、棚改、收費公路等項目統一集合集中發行，但是隨著專項債券資金使用監管和後效評估的加強，我們判斷此類項目亦將逐步分解，一一對應項目。

【原文】

建立定期評估機制，保持項目全生命週期和各年度收支平衡。依託地方政府債務管理信息系統，將專項債券項目全部納入項目庫管理。

【解讀】

政府債券作為政府舉債的唯一合法途徑，專項債券將發揮越來越重

要的作用，而對應的監督管理也會愈加嚴格，必須建立專項債券項目庫。泓創智勝認為，在專項債券項目上需要建立「一案兩書三庫」的管理機制。其中，「一案兩書」指的是專項債券項目上報申請入庫的必備文件，是對項目的基本情況、經濟社會效益、資金平衡情況以及項目的合規合法性等的綜合評價要素，便於全面、客觀地瞭解項目的真實性和可操作性。「三庫」指的是項目儲備庫、備選庫、執行庫三級項目庫體系，通過三級庫層層篩選、優中選優確定發行對象。

【原文】

允許有條件的地方在專項債券發行完成前，對預算已安排專項債券資金的項目通過先行調度庫款的辦法，加快項目建設進度，債券發行後及時歸墊。

【解讀】

該規定表明在預算安排的資金額度內，可以先調度庫款進行項目建設，後期債券資金下達後及時歸墊，這不僅說明專項債券的重要性，更可以看出債券資金的緊迫性。特別是在建項目和重大補短板項目，為了加快項目建設的進度，允許現行調度庫款，避免因資金無法及時有效到位，而出現拖慢建設進度、加大項目建設成本等情況出現。

八、規範專項債券發行和使用

【原文】

財政部不再限制期限比例結構，對於部分建設和營運期限較長的公益性項目，鼓勵地方適當拉長債券期限，探索發行10年期以上的長期專項債券，緩解短期集中償債壓力。

【解讀】

（1）按照原先的《債券發行兌付管理辦法》，10年期以上必須對應相應的一年、二年期債券結構，現在不再限制期限比例結構。

（2）未來會嘗試發行10年期以上的長期債券。2019年新型債券取得進一步突破，土儲項目專項債打破常規期限結構，發行10年期債券類型。2019年6月3日，四川省成功發行了20年期鄉村振興和文化旅遊專項債券，兩個項目均由泓創智勝完成。2019年6月19日，廣西壯族自治區公開招標發行的新增專項債券期限全部為30年期。

【原文】

在嚴格專項債券信息披露的基礎上，簡化專項債券信息披露流程，省級財政部門對專項債券信息披露文件的合規性、完整性負責，不再向財政部備案需公開的信息披露文件。

【解讀】

原有流程必須向財政部備案，現在無須再向財政部備案。省級人民政府對專項債券依法承擔全部償還責任，省級財政部門應會同相關主管部門對申報入庫的項目進行嚴格評審，確保項目信息及時披露，確保披露文件的合法合規性。

【原文】

鼓勵地方將專項債券資金重點投向「一帶一路」建設、京津冀協同發展、長江經濟帶、粵港澳大灣區建設以及河北雄安新區、海南全面深化改革開放等有一定收益的公益性項目。

鼓勵將有一定收益的鄉村振興戰略項目納入支持範圍，結合調整完善土地出讓收入使用範圍，加大專項債券對農村基礎設施建設項目投入。

專項債券要優先支持在建項目平穩建設，保障在建項目後續融資。

【解讀】

（1）對專項債券重點投資領域，在國家層面給出了明確的指導意見。將重點支持國家重大戰略和鄉村振興戰略、農業基礎設施等符合條件的重大項目建設，優先支持在建項目。

（2）鄉村振興作為國家重大戰略，涉及宅基地改革、農業農村基礎設施、生態環保、產業振興等領域，基礎薄弱且涵蓋範圍廣。因此鄉村振興戰略的項目將會得到更多的支持。由泓創智勝項目團隊完成的全國首只鄉村振興和旅遊扶貧專項債券項目的思路得到了財政部的高度認可。

（3）優先支持與保障後續融資。對優質的在建項目要進行資金保障，專項債券保證優先續發。2019年國務院政府工作報告中明確提出不能搞「半拉子」工程。

九、健全專項債券風險防控機制

【原文】

加強專項債券統計監測。完善地方政府債務管理信息系統，將目前的統計系統全面升級為管理系統，實現對專項債券「借、用、管、還」的穿透式、全過程、跨部門監管。研究推進地方政府債務有關信息與相關部門共享的機制。

【解讀】

對專項債券資金使用中的各個環節採取穿透式、全過程、跨部門監管，表明監管機制及流程將逐步完善。泓創智勝認為，加強專項債券的全生命週期管理勢在必行，2019年6月10日兩辦發布的33號文已經明確指出要依託全國統一的集中信息公開平臺，加快推進債券項目信息公開力度。另外，還提出要加強部門監管合作、建立協調配合機制，推進

各部門之間專項債項目信息共享機制。

【原文】

完善風險評估和預警機制，地方各級財政部門應當健全專項債務風險指標體系，及時進行評估和預警。重點採取到期償債保障倍數指標對專項債務高風險地區進行控制，確保各地當年政府性基金預算可償債財力能夠覆蓋專項債券還本付息額並超出一定幅度。

發揮財政部專員辦事處日常監督作用，財政部駐各地財政監察專員辦事處應當切實履行地方政府債務日常監督職能，對於對應到每個項目的專項債券「借、用、管、還」實行逐筆監控。

【解讀】

（1）要根據地方政府財政收支情況、結合財政部風險預警指標等對省、市、縣三級政府債務風險進行評估，對高風險地區進行監控。

（2）充分發揮各地財政部專員的監督作用，明確要求財政部專員對專項債券的使用全過程擁有監督權。

第三節　財庫〔2019〕23號文及政府投資條例解讀

2019年「兩會」政府工作報告增加8,000億元限額，明確提出地方債券要合理擴大使用範圍；《劉昆部長在中國發展高層論壇2019年年會上的演講》指出適度擴大財政支出規模；《國務院關於落實〈政府工作報告〉重點工作部門分工的意見》（國發〔2019〕8號）也再次明確積極的財政政策要加力提效。

2019年4月底，財政部印發了《關於做好地方政府債券發行工作的意見》（財庫〔2019〕23號），意見明確提出要加快專項債券發行進度，

並給出了具體的目標和時間要求。

隨著一系列積極的財政政策出抬，政策效果也逐步得到體現。5月末社會融資規模存量為211.06萬億元，同比增長10.6%。其中，對實體經濟發放的人民幣貸款餘額為143.04萬億元，同比增長13.4%，實體經濟融資狀況較2018年有明顯改善。值得注意的是，5月份，中國製造業採購經理指數（PMI）為49.4%，位於枯榮線以下（此前1~4月份，只有4月份達到50.1%，位於枯榮線以上，其餘均在枯榮線以下），表明經濟下行壓力仍然較大。

一、財庫〔2019〕23號文要點解讀

【原文】

要求2019年6月底前完成提前下達新增地方債券額度的發行。爭取在9月底前完成全年新增地方債券發行。

【解讀】

（1）本文一經發出，泓創智勝在5月2日政策解讀中就判斷本年度5~6月將是一波申報發行小高峰，各地區申報發行進度將加快。實際情況是2019年6月共發行地方政府債券近9,000億元，是發行節奏最快、規模最大的一個月，創下自2016年7月以來的單月發行規模新高。

（2）這將意味著2019年需要發債的項目，申報進度需要加快，未入庫的項目需要在8月份前入庫。另外，2020年地方政府專項債工作將會提前開展。就目前瞭解的情況看，個別省2019年全年專項債券發行工作已經接近尾聲，部分項目單位已經在籌劃2020年專項債項目申報事宜。

【原文】

财政部不再限制地方债券期限比例结构，由地方政府部门自主确定期限。科学确定发行期限，逐步提高长期债券发行占比。

【解读】

（1）从 161 号文到 23 号文，都明确提出了要求探索发行中长期债券，地方政府可以根据各地的财务状况、偿债能力、项目收益等情况灵活确定项目债券期限结构。

（2）从 23 号文可以看出，中长期债券发行将会是之后地方政府专项债的重要方向，将会从一定程度上减轻地方政府短期集中偿债压力。

【原文】

鼓励地方财政部门结合项目实际情况，不断丰富专项债券信息披露内容。

【解读】

（1）信息披露应当包括专项债券对应的项目概况、项目预期收益和融资平衡情况、专项债券规模和期限、还本付息等详细情况。

（2）从 23 号文来看，对专项债券信息披露内容的要求将会更加严谨，披露内容更加科学全面。从各省实际情况来看，披露的信息内容各不相同。泓创智胜认为，经过信息披露乱象后，披露信息将进一步完善和严格，中部某些省份甚至已经将专项债券实施方案全文披露。

【原文】

省级财政部门分批实施地方债券商业银行柜台市场发行业务。重点支持专项债券在本地区范围内面向个人和中小机构投资者发售。

【解读】

（1）地方债券发行方式将更为开放，商业银行柜台发行业务将会成

為地方債券發行的重要渠道之一。

（2）對於地方債券市場來說，開拓個人和中小投資者是豐富交易主體、拓寬融資渠道的重要方式。

（3）重點支持本地區範圍內的個人和中小機構，泓創智勝認為一是當地投資者對本地財政情況及項目情況更為熟悉，二是更能激發當地群眾積極參與本地經濟建設，提升參與者的榮譽感和自豪感，並從本地經濟快速發展中有所收益。

【原文】

地方財政部門應當加快地方債券資金撥付，有條件的地方在地方債券發行前，可對預算已安排的債券資金項目通過調度庫款支付，待債券發行後及時回補庫款。

【解讀】

本條與161號文件一致，一是項目資金到位進度將加快，有條件的地方項目可能能夠在債券發行前獲得債券資金，加快項目進度；二是允許現行調度庫款，避免因資金無法及時有效到位，而出現拖慢建設進度、加大項目建設成本等情況出現。

二、《政府投資條例》相關內容解讀

【原文】

第二條 本條例所稱政府投資，是指在中國境內使用預算安排的資金進行固定資產投資建設活動，包括新建、擴建、改建、技術改造等。

第三條 政府投資資金應當投向市場不能有效配置資源的社會公益服務、公共基礎設施、農業農村、生態環境保護、重大科技進步、社會管理、國家安全等公共領域的項目，以非經營性項目為主。

【解讀】

（1）資金來源明確為「預算安排」，政府投資項目的資金要納入預算管理。

（2）政府投資的項目範圍為公共領域的非經營性項目，市場配置資源的有效性相對不足，以政府調節為主。

（3）與專項債券資金投向一致，一是要具備公益性，純經營性項目不被允許；二是資金投向補短板領域及薄弱環節。

【原文】

第五條　政府投資應當與經濟社會發展水準和財政收支狀況相適應。國家加強對政府投資資金的預算約束。政府及其有關部門不得違法違規舉借債務籌措政府投資資金。

【解讀】

再次強調防範地方政府性債務風險，與161號等文件相一致，明確禁止金融機構直接或間接為地方政府融資。政府投資應當與經濟社會發展水準和財政收支狀況相適應，重申地方政府不能盲目搞投資，要「看菜吃飯」，不能借投資違法違規舉債。

【原文】

第十一條　投資主管部門或者其他有關部門應當根據國民經濟和社會發展規劃、相關領域專項規劃、產業政策等，從下列方面對政府投資項目進行審查，作出是否批准的決定：

對經濟社會發展、社會公眾利益有重大影響或者投資規模較大的政府投資項目，投資主管部門或者其他有關部門應當在仲介服務機構評估、公眾參與、專家評議、風險評估的基礎上作出是否批准的決定。

【解讀】

（1）明確項目自身需要符合國家戰略規劃或專項規劃，相關產業還要符合產業政策。

（2）明確重大政府投資項目，審批時要借助第三方機構力量。

（3）除了需要借助第三方機構評估外，對重大項目還需要專家評議、風險評估以及公眾參與，以確保項目可行，嚴格控制項目風險，避免盲目上項目，搞「面子工程」。

【原文】

第二十二條　政府投資項目所需資金應當按照國家有關規定確保落實到位。政府投資項目不得由施工單位墊資建設。

【解讀】

一方面堵死了政府投資項目採用「F+EPC」模式建設，另一方面體現了各級地方政府在財政資金支出上必須加強預算管理，嚴禁未批先建。融資代建問題由來已久，是各地普遍現象，政府投資條例是中國政府投資領域的第一部行政法規，條例出抬後，能夠有效防範地方債務風險，進一步強化地方政府投資資金的管理和剛性約束。

【原文】

第二十六條　投資主管部門或者其他有關部門應當按照國家有關規定選擇有代表性的已建成政府投資項目，委託仲介服務機構對所選項目進行後評價。後評價應當根據項目建成後的實際效果，對項目審批和實施進行全面評價並提出明確意見。

【解讀】

（1）要求第三方機構參與已建成的政府投資項目後評價。

（2）對政府投資項目實行閉環管理。項目投資前的評估論證、專家

評議、風險評估是事前論證，項目建成後對其實際效果進行全過程評價是事後評價。建立事前論證、事後評價體現了政府對投資項目進行全生命週期管理的理念，也是地方政府防範債務風險的要求。

第四節　廳字〔2019〕33號文政策解讀

2019年6月10日，又一重磅政策出抬，中央辦公廳、國務院辦公廳印發《關於做好地方政府專項債券發行及項目配套融資工作的通知》（廳字〔2019〕33號，以下簡稱33號文）。兩廳33號文的出抬目的是進一步加大逆週期調節力度，更好地發揮專項債券的重要作用。中美貿易摩擦不斷，國內經濟下行壓力進一步加大，穩投資、穩增長是當下經濟發展的中心任務。33號文要求科學實施政策「組合拳」，加強財政、貨幣、投資等政策協同配合，加大對重點領域和薄弱環節的支持力度，從而帶動有效投資擴大，促使經濟持續健康發展。現就兩辦33號文進行相關政策解讀。

一、兩廳33號文主要背景

黨中央、國務院高度重視地方政府債務風險防範。按照黨中央、國務院的決策部署，以及新《預算法》等法律制度規定，國家需要盡快建立健全規範的地方政府舉債融資機制、強化限額管理和預算管理、完善地方政府專項債券制度。

從目前各地專項債券申報發行管理來看，各省、直轄市在專項債券發行中存在很多問題，諸如項目亂包裝、信息披露不全、資金使用管理不規範等。兩廳33號文明確指出防範債務風險必須通過改革的辦法解決

發展中的矛盾，要堅持疏堵並重，把「開大前門」與「嚴堵後門」協調起來嚴控地方政府隱性債務、遏制隱性債務增量，並鼓勵通過市場化融資解決項目資金來源。

二、兩廳 33 號文總體要求及原則

1. 不新增隱性債務是前提

文件指出，健全地方政府融資機制，推進專項債券管理改革，較大幅度增加專項債券規模的基礎上，要科學實施政策「組合拳」，加強財政、貨幣、投資等政策協同配合，積極的財政政策要加力提效，充分發揮專項債券作用。從 161 號文的「開前門」到如今 33 號文的「開大前門」，從政策面上來看，體現了積極的財政政策需要加力提效，但同時我們也應看到從「堵後門」到「嚴堵後門」，體現了國家對嚴控地方政府隱性債務、遏制隱性債務增量的決心。

2. 防控風險是原則

文件指出，堅持舉債與償債能力相匹配，融資規模要保持與項目收益相平衡。金融機構按照商業化原則獨立審批、審慎決策，堅決防控風險。從以上文件內容可以看出，政府鼓勵配套融資，但防控風險是要放到首要位置的，政府對項目具有推介責任，但金融機構應該要按照商業化原則來自主決定是否發放貸款，杜絕政府違規擔保行為並形成倒查責任、終身問責制。

3. 穩投資、穩預期是目的

文件指出，加大逆週期調節力度，鼓勵依法依規市場化融資。穩健的貨幣政策要鬆緊適度，配合做好專項債券發行及配套融資，引導金融機構加強金融服務，依法合規保障重大項目合理融資需求。從以上內容

不難看出，政府在投資項目時除了發行專項債券籌集項目建設資金外，可以使用配套融資。一方面是因為專項債券發行有額度限制，在層層分配額度時，無法實現所有項目滿額發行，需要配套融資滿足項目建設資金總體需求；另一方面，專項債券募集資金與金融機構資金在時間上能夠形成有效互補，防止「等米下鍋」「看菜下飯」等延誤建設工期、拖慢項目建設進度的現象發生。

三、兩廳33號文的具體內容

1. 明確提出金融支持專項債券項目標準

文件指出，對沒有收益的項目通過統籌財政和發行一般債券予以支持，對於全部為政府性基金收入的發行專項債券融資支持，對於兼有基金收入和專項收入的，在償還專項債券本息後仍有剩餘的可以向金融機構進行市場化融資。從以上內容可以看出，並非任何項目都可以進行市場化融資，它的標準就是有專項收入且在償還專項債券本息後還有剩餘，且能夠覆蓋市場化融資本息。

2. 金融支持專項債券項目的範圍

文件明確要求只能是重點領域和重大項目。必須是符合國家重大戰略及鄉村振興戰略、公用事業領域、城鎮及農業農村基礎設施建設領域、納入「十三五」規劃的重大項目。

3. 市場化融資的項目單位要求

文件指出，市場化轉型尚未完成、存量隱性債務尚未化解完畢的融資平臺公司不得作為項目單位。從目前實際情況來看，大部分的融資平臺公司承擔了地方政府隱性債務的化解任務。但從文件的要求來看，項目單位必須乾乾淨淨，不承擔政府隱性債務化解任務。

4. 融資方式

　　文件明確指出可向銀行機構、保險機構申請融資，以及發行公司信用類債券。從兩廳33號文來看，豐富投資主體、拓寬融資渠道能夠保障專項債券項目融資的合理需求。從國家政策上來看，鼓勵專項債券項目發行中長期債券，而保險資金一般對中長期比較偏好。從融資方式我們應該看到並非是鼓勵所有的包括信託、融資租賃等在內的非標準融資手段，因為此類融資成本都比較高。

5. 允許專項債券作為符合條件的重大項目資本金

　　從文件上看，目前允許專項債券作為項目資本金的只有四大領域符合條件，分別是鐵路、國家高速和支持推進國家重大戰略的地方高速、供電、供氣四大領域。在四大領域內，還應該滿足一是只能部分專項債作為一定比例的項目資本金，二是嚴格落實到實體政府投資項目，不允許專項債作為各類股權基金的資金來源，以免層層放大槓桿。

6. 組織保障

　　專項債券與配套融資的項目要建立事前評審和批准機制，允許專項債作為資本金的項目要重點評估論證。

7. 項目公開、信息共享機制

　　一是專項債券項目庫公開；二是組合融資以及專項債作為資本金的單獨公開；三是出現更換項目單位等重大事項的要進行信息披露；四是財政部門作為牽頭單位，及時與當地發改部門、金融管理部門及金融機構將專項債券項目信息共享。

四、其他方面

　　從文件的其他內容來看，還需要注意以下幾個方面：

各級地方政府對於金融機構具有推介責任，需要金融機構市場化融資支持的，地方政府需要全面真實地進行信息披露，金融機構根據商業化原則審慎決策，自主進行放貸。

強化信用評級及發行定價市場化，推行全國統一的債務信息公開平臺建設，建立地方政府信用評級體系，加強金融監管。在發行定價時避免行政干預，嚴禁政府直接或間接向金融機構施壓。

鼓勵合理提高長期專項債券期限比例。一是解決政府短期集中償還債務的壓力，二是要求專項債券、市場化融資期限與項目期限保持一致，並鼓勵專項債券採取本金分期償還，平滑債券存續期內償債壓力，避免有穩定收益的項目資金浪費。

除關於地方政府專項債的政策性文件外，還有《財政部關於對地方政府債務實行限額管理的實施意見》《地方政府專項債務管理辦法》《國務院辦公廳關於印發地方政府性債務風險應急處置預案的通知》《關於進一步規範地方政府舉債融資行為的通知》等，在此不一一贅述。

第三章

地方政府專項債券申報、發行工作流程

目前，各地政府在地方政府專項債券申報、發行階段沒有統一的流程。泓創智勝根據財政部的政策要求，結合在四川省、安徽省、河南省的項目實踐，根據我司在大量項目實踐中的經驗，詳細介紹在專項債券申報、審核、發行及後續管理的全流程（如圖 3-1 所示），以供大家參考。

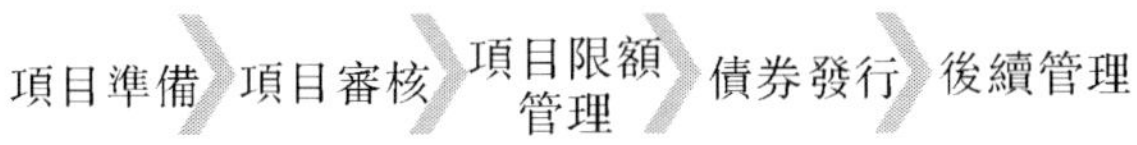

項目準備 ▶ 項目審核 ▶ 項目限額管理 ▶ 債券發行 ▶ 後續管理

圖 3-1　申報、發行流程圖

第一節　項目準備

一、前期調研

項目單位對擬申報項目開展前期調研工作，在確認項目符合國家政策及相關行業規定的前提下，開展項目可行性分析並編製項目可行性報告。

二、項目申報

將申報項目意向及計劃書提交本級財政主管部門審閱，本級財政部門對申報項目進行評估篩選，將條件較為成熟的項目納入本級擬申報專項債券項目庫。

三、項目準備

地方政府或有關主管部門可作為項目實施機構，負責項目前期準備工作，包括項目管理職能的劃分及第三方服務機構的引入等。

四、方案編製

鼓勵政府可通過購買服務的方式，引入第三方專業諮詢機構等參與項目實施方案的編製工作。

五、方案評估

方案編製完成後，須將方案提請會計師事務所及律師事務所等合法機構對實施方案的合法、合理、合規性開展專業評估，出具項目實施方案財務評估報告及法律意見書。

六、方案報送

本級財政部門會同項目實施機構將實施方案、財務評估報告和法律意見書匯總報送同級人民政府，同級人民政府將審核批准的實施方案及第三方評估意見報送省財政廳。

第二節　項目審核

一、項目預審

省財政廳委託專業機構組織相關專家組成專項債券審核專家庫，隨機抽取專家對各地報送的項目實施方案進行集中預審，並出具獨立審核意見。對於未通過專家預審的項目實施方案，由項目實施機構對項目實施方案進行修改完善，納入下一批次專家預審。若再次審核仍未通過，則取消該項目發行專項債申報資格。

二、項目復審

省財政廳會同省級相關行業主管部門對通過專家預審的項目實施方案進行復審，根據區域和行業發展規劃、中央/省下達的建設任務、地方同類項目建設管理情況、地方政府性基金收入情況、地方政府債務風險情況等方面，出具復審意見。

三、項目入庫

項目庫分為儲備庫、發行備選庫、執行庫三個子庫。通過預審的項目納入儲備庫管理；通過復審的項目，從儲備庫轉入發行備選庫，作為發行專項債券的備選項目；財政廳根據新增專項債務限額、地方報送的債券發行計劃等因素，確定相關項目從發行備選庫轉入執行庫。

四、項目報備

財政廳可會同省級相關行業主管部門對進入項目執行庫的項目按照

行業等項目屬性進行分類管理匯總項目實施方案，並分類制定專項債券管理辦法；專項債券的項目實施方案和專項債券管理辦法由省政府審核批准後於每年 9 月底前報送財政部備案。

第三節　項目限額管理

項目限額管理及額度分配主要包括如下工作內容：

（1）財政廳根據可發行專項債券總額度，結合進入發行備選庫的項目融資需求、各地政府性基金收入、債務風險情況等因素，測算省級、市（州）和擴權縣發行專項債券的限額控制數。

（2）各級財政部門會同相關行業主管部門在限額控制數內，在已納入發行備選庫管理的項目中，確定當年擬發行收益專項債券的項目和分項目融資需求，報經同級人民政府同意後報財政廳。

（3）財政廳根據各地報送的項目及分項目融資需求，確定省級及市縣發行專項債券限額和項目，報經省政府批准後，下達市（州）、擴權縣財政部門，並抄送省級相關行業主管部門。

（4）各級財政部門應當按照《預算法》以及相關債券管理辦法規定，做好專項債券預算調整和報同級人大常委會批准工作。

第四節　債券發行

債券發行主要包括確定計劃、提出方案、債券發行及信息披露等。

（1）確定發行計劃：市縣財政部門根據批准的年度發行專項債券額度和相關項目，提出年度本地專項債券發行建議，明確債券發行時間、

批次、規模、期限等內容，報送財政廳備案。

（2）提出發行方案：財政廳匯總省級和市縣專項債券發行建議，提出全省年度專項債券發行方案。

（3）發行專項債券：省政府按照債券發行計劃統一安排發行專項債券，並轉貸地方使用。

（4）進行信息披露：各級財政部門應按要求主動披露項目專項債券相關信息，包括發行信息、發行結果信息、付息信息、兌付信息、定期信息、重大事項信息等。

第五節　後續管理

債券後續管理工作主要包括債券發行資金使用管理、帳務核算、還本付息及債券對應資產管理等。

（1）資金使用管理：專項債券的債券資金收入應全額納入國庫，支出應實行國庫集中支付，債券項目的專項收入和支出應專帳核算，明確反應資金的收支狀況。

（2）帳務核算：發行專項債券對應項目形成的專項收入，應當全部繳入國庫，並進行專帳管理。

（3）還本付息：財政廳應當按照合同約定，及時償還專項債券到期本金、利息以及支付發行費用。市縣財政部門提前10個工作日向財政廳繳納本地區或本級應當承擔的還本付息、發行費用等資金。

（4）債券對應資產管理：各級財政部門應當會同項目主管部門、項目單位將各類專項債券對應項目形成的資產納入國有資產管理，建立相應的資產登記和統計報告制度，加強資產日常統計和動態監控。

第四章

項目實操流程

地方各級人民政府及其職能部門承擔著本地經濟建設發展的重要職責。那麼，地方政府及其主管部門以及承擔建設任務的國有企業、政企分離後的融資平臺公司，在面對眾多的建設項目時，如何通過有效的梳理，篩選出符合專項債券發行條件的項目？專項債券申報過程中如何編製申報資料，使得專項債券申報與發行能夠順利進行？本章節將以其他類型專項債券項目申報為例，結合泓創智勝項目操作流程，來幫助各位讀者理清工作思路。

第一節　項目確定階段

在專項債券項目申報過程中，往往項目單位承擔建設項目的數量及類型比較多。例如在園區建設、鄉村振興等專項債券項目中會遇到項目主管部門多、項目類型雜、項目有無收益等等情況，針對這種等情況，我們將按照圖4-1中的思路進行項目梳理及篩選。

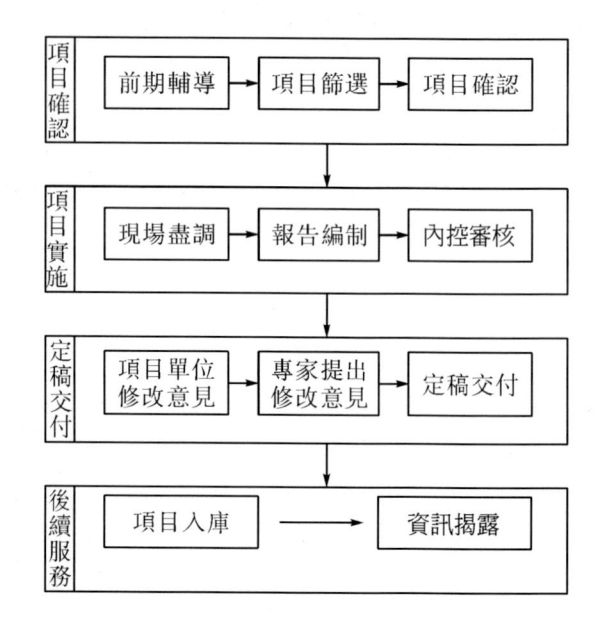

```
┌──────┬──────────────────────────────────────┐
│項目  │ 前期輔導 → 項目篩選 → 項目確認        │
│確認  │                                      │
└──────┴──────────────────────────────────────┘
                      ↓
┌──────┬──────────────────────────────────────┐
│項目  │ 現場盡調 → 報告編制 → 內控審核        │
│實施  │                                      │
└──────┴──────────────────────────────────────┘
                      ↓
┌──────┬──────────────────────────────────────┐
│定稿  │ 項目單位    專家提出                  │
│交付  │ 修改意見 → 修改意見 → 定稿交付        │
└──────┴──────────────────────────────────────┘
                      ↓
┌──────┬──────────────────────────────────────┐
│後續  │ 項目入庫 ────→ 資訊揭露               │
│服務  │                                      │
└──────┴──────────────────────────────────────┘
```

圖 4-1　專項債券項目實施流程圖

一、前期輔導階段

需要對項目單位擬申報的項目情況進行瞭解，並輔導項目單位對擬申報的其他類型專項債券所需要的必要條件、申報流程及其涉及的相關批復文件等情況進行簡要介紹。

二、項目梳理及篩選

根據項目單位提供的相關資料，按照其他類型專項債券的申報條件，我們指導項目單位一是可以按照項目區域分類、例如工業園區可以劃分片區進行申報。二是可以按照建設項目類型來分類，例如污水處理或提標改造項目、綜合管廊建設項目、智慧停車場項目等。

三、項目確定

根據上述分類建議後，結合項目收益、建設期、重要手續批復等情況，綜合確定最後申報項目，並與項目單位約定第一次進行方案現場訪談的時間。

第二節　項目實施階段

一、方案現場訪談

由公司技術部及商務部進行第一次方案現場訪談，提供其他類型專項債券申報需要的公共資料清單，進行第一輪資料收集。明確項目單位領導小組並確定負責人，確保項目專人負責、統籌謀劃。

二、方案反饋意見

由公司技術部根據項目單位提供的資料清單及收集的資料情況給予反饋意見，進行項目的最後確認和調整。項目單位確定後及時通知公司商務部，由項目單位協調三方（諮詢機構、律師事務所、會計師事務所）開展項目申報工作。

三、現場盡調

根據現有公共資料清單，兩所出具反饋情況，由項目單位提供補充資料清單，最終確定兩所現場盡調時間；兩所將進行現場訪談並收集資料，同時安排兩所進行項目目的地現場盡調並拍照留作兩所工作底稿。

四、兩所反饋意見

兩所提供《項目反饋意見》（含補充資料清單）書面通知項目單位及時完善兩所所需材料。

五、方案初稿交付

公司技術部將方案初稿及附件清單交付公司商務部進行第一次內控審核，審核完畢後將方案交付項目單位及兩所。

第三節　底稿交付階段

一、定稿審核

根據公司提供的方案初稿，項目單位及兩所應及時審核。項目單位在復核中如需修改，需要提供修改原因及具體內容，同時通知公司及兩所同步修改更新，確保方案內容的一致性。

二、定稿收集

由公司商務部對最終定稿的「一案兩書」進行收集，方案部分的WORD版、PDF版以及附件PDF版，由技術部負責整理發送至商務部，「兩書」部分WORD版、鮮章PDF版及附件材料由兩所分別整理完善發送至公司商務部，公司內控組進行第二次審核。

三、定稿交付

最終由公司商務部匯總，根據情況將電子版終稿發送至項目單位。

同時，準備紙質蓋章版「一案兩書」，並進行第三次內控審核、最終交付項目單位。

第四節　後續服務

一、入庫審核中涉及的方案調整

在專項債券項目「一案兩書」上報省級財政部門審核入庫時，如有需要調整的，公司及時修改調整。

二、信息披露

專項債券發行前需要進行信息披露的，公司及時出具信息披露文件。

第五章

全國統計數據分析（2018—2019年）

第一節　2018年新增地方政府債券發行數據分析

經第十三屆全國人民代表大會第一次會議審議批准，2018年全國地方政府債務限額為209,974.30億元。其中，一般債務限額123,789.22億元，專項債務限額86,185.08億元。

2018年地方政府新增債務限額21,800億元，其中新增一般債務限額8,300億元、新增專項債務限額13,500億元。

一、財政部公示2018年地方政府債券發行情況

截至2018年末，全國地方政府債務餘額183,862億元，控制在全國人大批准的限額之內。其中，一般債務109,939億元，專項債務73,923億元。

2018年，地方政府債券平均發行期限6.1年，其中一般債券6.1年、專項債券6.1年。平均發行利率3.89%，其中一般債券3.89%、專項債券3.9%。

可發債主體37個，2018年全國31個省級政府、5個計劃單列市政府以及新疆生產建設兵團均發行了地方政府債券，地方債發行實現可發債主體全覆蓋。

截至2018年末，全國地方政府債券餘額18.07萬億元，仍以公開發行地方政府債券為主（占比79.12%），隨置換進程基本結束，未來存續公開發行地方政府債券占比將不斷提升；地方政府債券餘額占地方政府債務餘額的比重為98.28%，地方政府債券已成為地方政府債務（18.39萬億元）最主要的構成部分；同年末，地方政府一般債券存量餘額為10.81萬億元，專項債券存量餘額為7.27萬億元，未分品種地方政府債券存量餘額為0.32萬億元，存量地方政府債券以一般債券為主。

截至2018年12月末地方政府債務情況如表5-1所示。

表5-1 截至2018年12月末地方政府債務情況

單位：億元

項目	限額	餘額	平均利率	平均剩餘年限
地方政府債務合計	209,974.30	183,861.52		
一、按債務類型				
一般債務	123,789.22	109,38.75		
專項債務	86,185.08	73,922.77		
二、按債務形式				
地方政府債券餘額		180,710.53	3.51%	4.4年
其中：一般債券		108,095.20	3.50%	4.4年
專項債券		72,615.33	3.52%	4.6年
非債券形式存量政府債務餘額		3,150.99		

二、2018年地方政府債券發行規模分析

2018年，地方政府一般債券發行規模仍高於專項債券，占比53.27%，

較 2017 年變化不大。2018 年一般債券發行金額 2.22 萬億元，專項債券發行金額 1.95 萬億元，其中項目收益專項債券發行金額 1.04 萬億元。

2018 年，得益於三季度「穩投資、擴內需、補短板」政策發力以及財庫〔2018〕72 號文中關於加快地方政府專項債券發行的意見（意見指出「加快專項債券發行進度，9 月底需累計完成新增專項債券發行比例原則上不低於 80%」），促使地方政府債券集中於三季度發行。四季度專項債發行空間有所收窄，規模有所回落。

1. 一般債券及專項債券發行占比情況

自 89 號文之後，根據實際發行統計情況，我們通常把集合發行的不一一對應具體項目的專項債券稱作普通專項債券，把能夠對應具體項目的專項債券稱作項目收益專項債券，後文分析均依此分類。

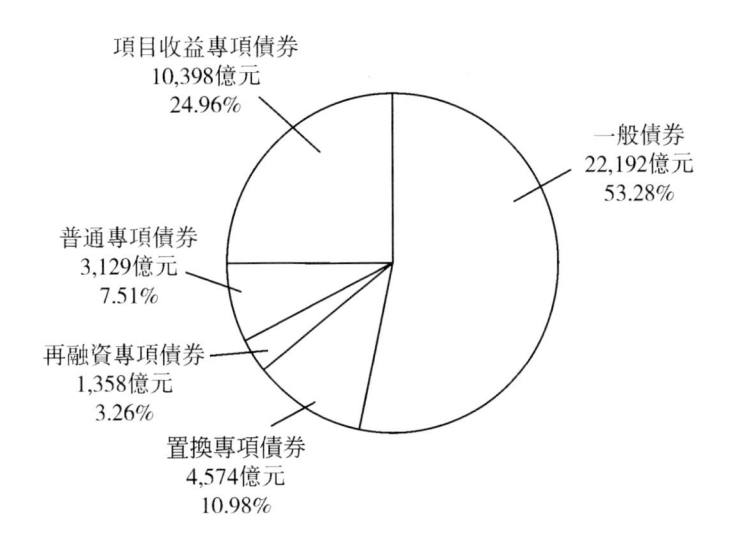

圖 5-1　2018 年地方政府債券發行分類統計

表 5-2　2018 年地方政府債券發行情況

單位：億元

月份	當月發行額 當月合計	一般債券	專項債券	累計發行額 累計合計	一般債券	專項債券
1 月	0	0	0	0	0	0
2 月	286	108	178	286	108	178
3 月	1,910	1,318	592	2,195	1,426	769
4 月	3,018	2,210	808	5,213	3,636	1,577
5 月	3,553	2,210	1,187	8,766	6,002	2,764
6 月	5,343	4,434	909	14,109	10,436	3,673
7 月	7,570	5,611	1,959	21,679	16,047	5,632
8 月	8,830	3,564	5,266	30,509	19,610	10,896
9 月	7,485	746	6,740	37,994	20,356	17,638
10 月	2,560	1,287	1,274	40,554	21,643	18,912
11 月	459	270	190	41,014	21,913	19,101
12 月	638	276	362	41,652	22,189	19,463

發行占比情況：

圖 5-1 和表 5-2 列示了 2018 年地方政府債券的發行情況。2018 年，地方政府一般債券發行規模仍高於專項債券，占比 53.28%，比例差距雖小，但因基數大，兩者發行額差距仍在 2,732 億元左右。項目收益專項債券發行占比為 25%。

發行結果分析：

2017 年 12 月深圳軌道交通專項債券成功發行，項目收益專項債券逐步走入公眾視野。由於項目收益專項債券自求平衡，深受市場青睞，但政策導向需要一定的過程。2018 年上半年項目收益專項債券發行規模逐步提升，9 月發行規模達到當年高峰，最終占比 25%。

2. 項目收益專項債券發行占比情況

發行數據情況：

2018 年新增項目收益專項債 10,398 億元，其中土儲和棚改專項債券合計發行 9,067 億元，占比 87%；其他類型發行 587 億元，占比不到 6%。具體如圖 5-2 所示。

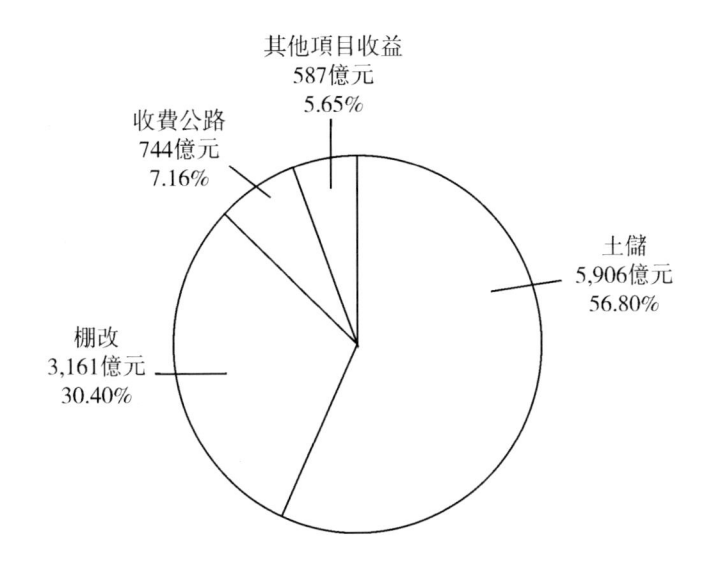

圖 5-2　2018 年地方政府項目收益專項債券四大類發行統計

發行結果分析：

土地出讓收入仍是各級地方政府財政收入的主要來源，受國家保障性安居工程政策及 2018 年 3 月財預〔2018〕28 號文的影響，棚改專項債券發行規模逐步提升。此外，土儲專項債券及棚改專項債券由於項目單一、政策指向及發行條件明確，易於申報發行工作的開展。就 2018 年其他類項目收益專項債發行情況看，探索創新債券品種需要一定的過程，但由於涵蓋範圍及涉及領域廣，發行規模必將大幅提升。

3. 新增債券與置換、再融資債券發行情況

2018年，全國發行地方政府債券41,652億元，其中，發行新增債券21,705億元，發行置換債券和再融資債券19,947億元。具體如表5-3和圖5-3所示。

表5-3　2018年12月新增地方政府債券發行進度

單位：億元

項目	新增限額	本月發行	本年累計發行	發行進度
新增債券合計	21,800	474.78	21,704.54	99.6%
其中：一般債券	8,300	154.18	8,177.22	98.5%
專項債券	13,500	320.60	13,527.32	100.2%

註：地方政府債券發行數據按照省級政府成功發行地方政府債券之日統計。

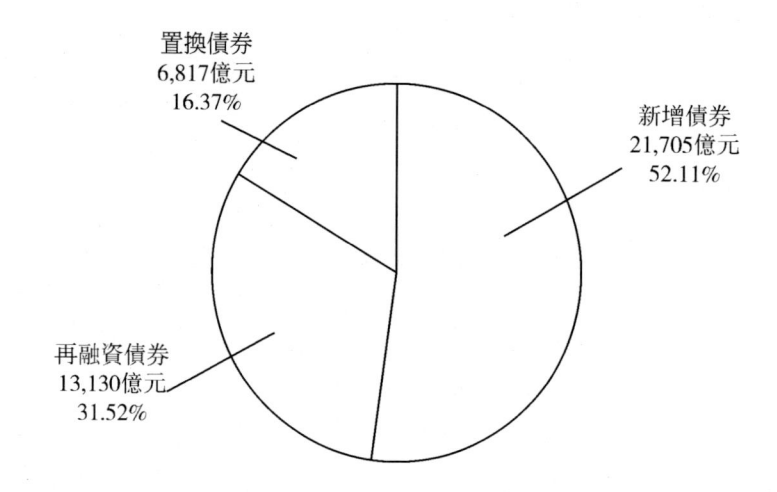

圖5-3　新增債券與置換、再融資債券佔比圖

2018年，受債務置換進程進入尾聲影響，地方政府債券發行由以前年度的以置換債券為主轉為以新增債券為主，發行規模同比小幅下降4.43%至4.17萬億元，發行方式仍以公開發行為主。

三、2018 年地方政府債券發行期限分析

從表 5-4 和圖 5-4 可以看出，2018 年發行期限仍以 5 年期為主，占比較上年有所提升，超過 40%。7 年期、10 年期和 3 年期發行規模次之，占比較上年均有所下降。2018 年平均發行期限為 6.12 年，其中一般債券平均發行期限 6.14 年；普通專項債券平均發行期限 6.58 年，略長於一般債券。

表 5-4　2018 年 12 月地方政府債券發行期限情況

單位：年

月份	當月地方債平均期限	累計至當月地方債券平均期限	月份	當月專項債券平均期限	累計至當月專項債券平均期限
1 月	0	0	1 月	0	0
2 月	5.8	5.8	2 月	0	6.1
3 月	5.7	5.7	3 月	6.1	5.8
4 月	0	5.9	4 月	5.6	5.8
5 月	5.8	5.8	5 月	5.9	5.9
6 月	6.2	5.9	6 月	6	5.7
7 月	6.3	6.1	7 月	5.2	6
8 月	6.1	6.1	8 月	6.4	6
9 月	5.7	6	9 月	5.8	5.9
10 月	6.3	6	10 月	5.7	5.9
11 月	9.2	6.1	11 月	6.3	6
12 月	10.3	6.1	12 月	14	6.1

根據《關於做好 2018 年地方政府債券發行工作的意見》(財庫〔2018〕61 號)「合理設置地方政府債券期限結構」的要求，2018 年地方政府債券發行新增 2 年期、15 年期、20 年期和 30 年期，其中 15 年期發行債券類型主要為項目收益債券，2 年期、20 年期和 30 年期發行債券類型主要為一般債券和普通專項債券。5 年期、7 年期、10 年期和 3 年期上述 4 種期限地方政府債券發行規模占比分別為 43%、23%、17% 和 15%。

單位：年

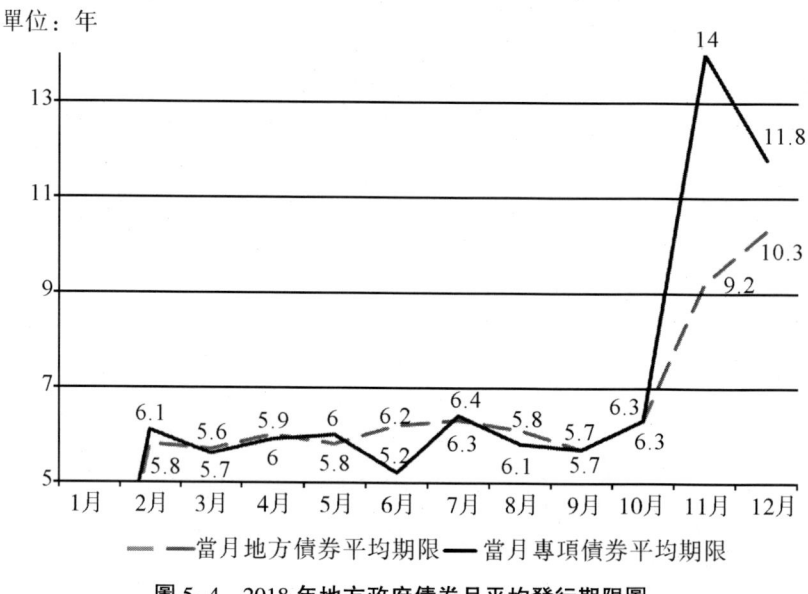

圖 5-4　2018 年地方政府債券月平均發行期限圖

四、2018 年地方政府債券發行利率分析

如表 5-5 所示，2018 年地方政府債券發行利率基本維持在 3.9%～4% 左右，整體變化小，但相對於銀行同期貸款利率，優勢明顯。發行地方政府債券籌集的資金主要是滿足公益性項目建設的資金需求，較低的利率有利於降低政府及企業融資成本，符合公益性項目沒有收益、收益少或收益回收期長的特點。

表 5-5　財政部公示月平均發行利率情況

月份	累計至當月地方債券 平均發行利率	累計至當月專項債券 平均發行利率
5 月	3.97%	4.01%
6 月	3.98%	4.00%
7 月	3.91%	3.93%
8 月	3.89%	3.89%
9 月	3.90%	3.90%
10 月	3.90%	3.90%

表5-5(續)

月份	累計至當月地方債券平均發行利率	累計至當月專項債券平均發行利率
11月	3.90%	3.90%
12月	3.89%	3.90%

第二節 2019年新增地方政府債券發行數據分析

2018年12月29日，全國人大常委會正式授權國務院在2019年3月全國人大批准當年地方政府債務限額之前，提前下達2019年地方政府新增債務限額合計1.39萬億元，其中新增一般債務限額5,800億元、新增專項債務限額8,100億元；同時授權國務院在2019年以後年度，在當年新增地方政府債務限額的60%以內，提前下達下一年度新增地方政府債務限額（授權期限為2019年1月1日至2022年12月31日）。

2019年全年下達3.08萬億元新增債券發行額度，包括新增一般債9,300億元，新增專項債21,500億元。截至8月底，新增專項債券已發行20,057.47億元，完成93.29%，剩餘1,442.53億元額度待發；新增一般債券累計發行8,893.36億元，完成98.37%，剩餘406.64億元待發，新增債券合計剩餘1,849.17億元。具體如表5-6所示。

表5-6 2019年8月末新增地方政府債券發行進度

單位：億元

項目	新增債券額度	本月發行	本年累計發行	發行進度
新增債券合計	30,540.69	3,421.04	28,950.83	94.79%
其中：一般債券	9,040.69	226.56	8,893.36	98.37%
專項債券	21,500	3,194.48	20,057.47	93.29%

註：新增債券額度是指新增地方政府債務限額剔除外債轉貸額度後的發債額度。

一、財政部公示 2019 年 1—8 月地方債發行情況

第十三屆全國人民代表大會第二次會議審議批准，2019 年全國地方政府債務限額為 240,774.3 億元。其中，一般債務限額 133,089.22 億元，專項債務限額 107,685.08 億元。

截至 2019 年 7 月末，全國地方政府債務餘額 210,653 億元，控制在全國人大批准的限額之內。其中，一般債務 119,674 億元，專項債務 90,979 億元；政府債券 206,745 億元，非政府債券形式存量政府債務 3,908 億元。

2019 年 1—8 月，地方政府債券平均發行期限 9.7 年，其中一般債券 11.7 年，專項債券 8.3 年；地方政府債券平均發行利率 3.45%，其中一般債券 3.51%，專項債券 3.41%。

截至 2019 年 8 月 31 日，全國 31 個省級政府、5 個計劃單列市政府以及新疆生產建設兵團均發行了地方政府債券，實現可發債主體全覆蓋。

二、2019 年 1—8 月地方政府債券發行規模分析

2019 年 1—8 月地方政府債券發行 39,626 億元，其中一般債券發行 16,110 億元，專項債券發行 23,516 億元。專項債券發行規模已經遠超一般債券。從季度發行情況來看，一、二季度發行量均超過了 14,000 億元，預計三季度發行量在 13,000 億元左右。

進入二季度後，地方債發行一度減速。但隨著財政部 4 月底印發《關於做好地方政府債券發行工作的意見》（財庫〔2019〕23 號文），意見指出 2019 年 6 月底前完成提前下達新增地方債券額度的發行，爭取在 9 月底前完成全年新增地方債券發行，二季度地方債發行節奏經歷了先放

緩再提速的過程，6月共發行地方債 8,995.513,7 億元，是發行節奏最快、規模最大的一個月，創下自 2016 年 7 月以來的單月發行規模新高。具體如圖 5-5 所示。

單位：億元

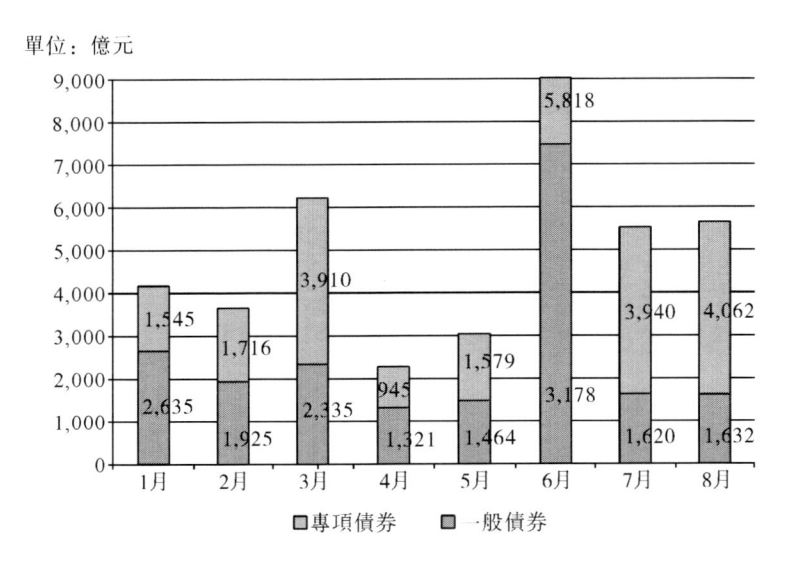

月份	專項債券	一般債券
1月	2,635	1,545
2月	1,925	1,716
3月	2,335	3,910
4月	1,321	945
5月	1,464	1,579
6月	3,178	5,818
7月	1,620	3,940
8月	1,632	4,062

圖 5-5　2019 年 1—8 月地方政府債券月發行量

1. 一般債券及專項債券發行占比情況

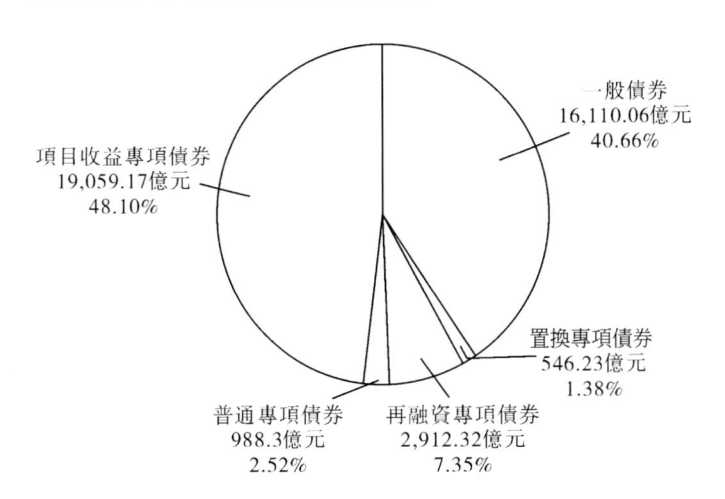

- 一般債券 16,110.06 億元 40.66%
- 項目收益專項債券 19,059.17 億元 48.10%
- 置換專項債券 546.23 億元 1.38%
- 再融資專項債券 2,912.32 億元 7.35%
- 普通專項債券 988.3 億元 2.52%

圖 5-6　2019 年 1—8 月地方政府債券發行分類統計

發行占比情況：

從圖 5-6 可以看出，相較於 2018 年一般債券占比大於專項債券，2019 年 1—8 月份專項債券發行占比已經遠超一般債券。具體到專項債券的分類發行比例上看，截至 2019 年 8 月，項目收益專項債券發行占比比去年增加了 23.14%，發行規模已達到了 2018 年專項債券全年發行量的 97.93%。

發行結果分析：

（1）專項債券在支持重點領域及薄弱環節上，在穩增長、調結構、惠民生上，所發揮的作用越來越明顯，我們預計未來專項債券的發行規模還會進一步提升，一般債券的規模會進一步下降。

（2）項目收益專項債由於其還款來源為對應項目取得的政府性基金收入或專項收入，還款來源穩定，且項目收益與融資自求平衡，因此受到債券市場青睞，預計未來項目收益專項債券仍會持續快速增長，並在專項債券額度分配上占比更多。

2. 項目收益專項債券發行占比情況

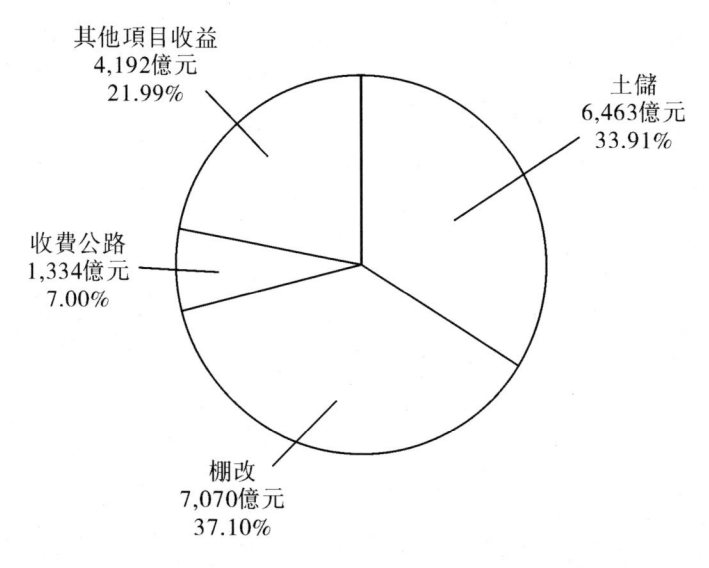

其他項目收益 4,192億元 21.99%
土儲 6,463億元 33.91%
收費公路 1,334億元 7.00%
棚改 7,070億元 37.10%

圖 5-7　2019 年 1—8 月地方政府項目收益專項債券 4 大類發行統計

發行數據情況：

2019年1—8月份新增項目收益專項債19,059億元，其中土儲和棚改專項債券合計發行13,533億元，占比達到71%；其他類型發行4,192億元，占比22%。具體如圖5-7所示。對比2018年，土儲專項債券發行規模明顯減少；棚改專項債券發行占比比去年增加7%，1—8月份發行規模已超去年一倍；其他類型專項債券增長更為明顯，1—8月份發行規模已發行占比比去年增加16%，超去年3,605億元，發行量增長6倍。

發行結果分析：

一是各地政府靠單純的賣地經濟拉動GDP增長模式已經越來越理性，國家監管層面也越來越嚴格規範。預計未來土儲專項債的額度會進一步減少，其他類型專項債額度會明顯提升。

二是國家對重大交通、農林水利、供電供氣、生態環保等重點領域及薄弱環節補短板的支持力度明顯加強，未來隨著棚改三年攻堅戰的結束，棚改專項債的額度也會適度得到控制。

三是隨著項目收益專項債券品種類型的不斷創新，目前已有包括鄉村振興、工業園區、管廊建設、文化旅遊、旅遊扶貧等專項債券逐步在全國範圍內公開發行。可以預料，其他類型項目收益專項債券發行比例還會進一步提高，涉及的領域也將會進一步擴大。

3. 新增債券與置換、再融資債券發行情況

截至8月31日，按用途分，新增債券發行28,951億元，置換債券發行928億元，再融資債券發行9,747億元。具體情況如表5-7、圖5-8所示。

表 5-7　2019 年 1—8 月地方政府債券發行情況

單位：億元

月份	當月發行額 當月合計	當月發行額 新增債券	當月發行額 置換&再融資	累計發行額 累計合計	累計發行額 新增債券	累計發行額 置換&再融資
1 月	4,180	3,688	492	4,180	3,688	492
2 月	3,642	3,274	368	7,821	6,961	860
3 月	6,245	4,886	1,359	14,067	11,847	2,220
4 月	2,267	1,093	1,174	16,333	12,940	3,393
5 月	3,043	1,657	1,386	19,376	14,596	4,780
6 月	8,996	7,170	1,826	28,372	21,765	6,607
7 月	5,559	3,765	1,794	33,931	25,530	8,401
8 月	5,694	3,421	2,274	39,626	28,951	10,675

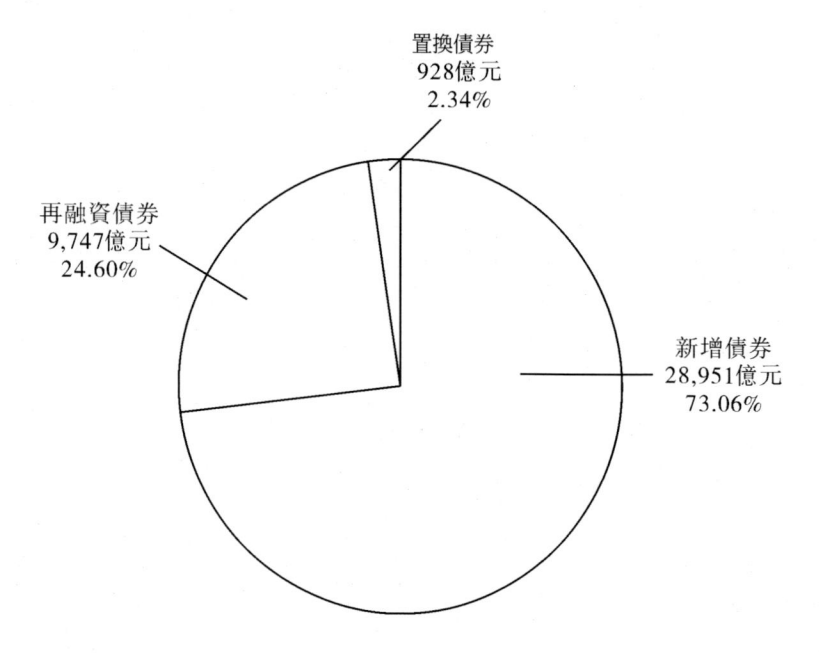

圖 5-8　新增債券與置換、再融資債券占比圖

三、2019年1—8月地方政府債券發行期限分析

從161號文到2019年4月底公布的23號文，都明確鼓勵地方政府適當拉長債券發行期限，探索發行中長期債券，緩解短期集中償債壓力。

從表5-8可以看出，地方政府債券發行期限逐步拉長。累計至8月份地方債券平均期限達到了9.7年，專項債券平均期限達到了8.3年。從單月發行平均期限看，5月份地方債券平均期限為12年，專項債券為9.7年，均呈現較大幅度上揚。單月發行平均期限變化如圖5-9所示。中長期債券的不斷發行符合161號文及23號文的政策要求。

表5-8　2019年1—8月地方政府債券發行期限情況

單位：年

月份	當月地方債平均期限	累計至當月地方債券平均期限	月份	當月專項債券平均期限	累計至當月專項債券平均期限
1月	7	7	1月	6	6
2月	8.3	7.6	2月	7.6	6.9
3月	7.8	7.7	3月	6.9	6.9
4月	8.7	7.8	4月	7.9	7
5月	12	8.5	5月	9.7	7.5
6月	11.1	9.3	6月	8.2	7.8
7月	10.4	9.5	7月	9.1	8
8月	11.1	9.7	8月	9.6	8.3

從實際發行期限情況看，2019年呈現出以下兩大特點：

（1）發行期限整體大幅延長。出現了10年期的土儲專項債（2019年內蒙古自治區土地儲備專項債券二期）、20年期的鄉村振興專項債券（2019年四川省鄉村振興專項債券九期）、30年期的一般專項債券（2019年四川省政府一般債券第九期）、30年期的基礎設施建設專項債券

單位：年

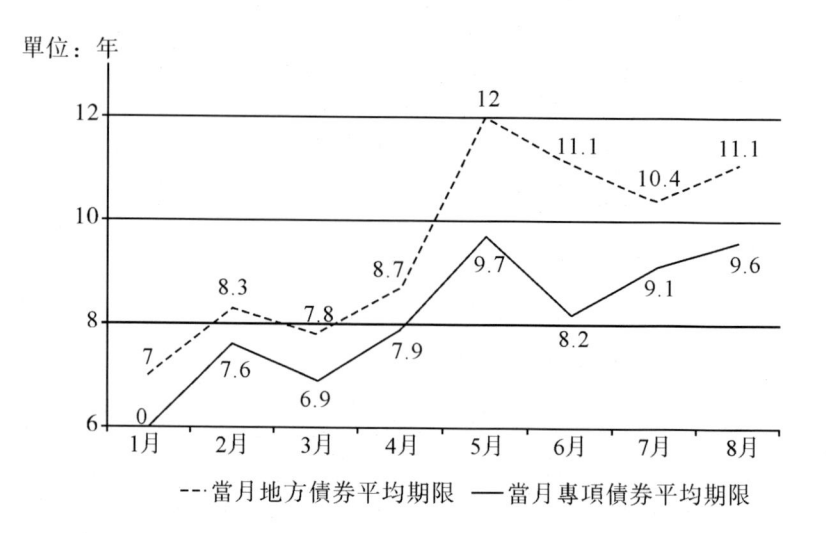

圖 5-9　2019 年 1—8 月地方政府債券月平均發行期限

（2019 年四川省城鄉基礎設施建設專項債券八期）。

（2）發行期限結構更加靈活。全國首只含權 3+2 土儲專項債券（2019 年廣東省土地儲備專項債券二期）發行，此後又發行了 5+1+1 年含權專項債券，1+2 年、2+1 年含權專項債券，還有 6+1 年、5+5 年較長期限含權專項債券。它一方面豐富了地方政府債券品種，另一方面有利於節約成本、避免資金閒置。

四、2019 年 1—8 月地方政府債券發行利率情況

表 5-9　2019 年 1—8 月地方政府債券發行利率情況

月份	累計至當月地方債券平均發行利率	累計至當月專項債券平均發行利率
1 月	3.33%	3.32%
2 月	3.32%	3.30%
3 月	3.35%	3.32%
4 月	3.39%	3.35%
5 月	3.44%	3.41%

表5-9(續)

月份	累計至當月地方債券平均發行利率	累計至當月專項債券平均發行利率
6月	3.47%	3.43%
7月	3.47%	3.43%
8月	3.46%	3.41%

從表5-9發行利率來看主要有兩大特點：一是利率成本仍維持較低水準，雖然專項債券及地方債券利率均呈現小幅上漲的局面，但相較於銀行貸款利率來說，優勢依然明顯。二是平均利率與2018年同期相比降低了44個基點。

發行利率上漲主要有以下幾個方面：

（1）發行規模不斷擴大。新《預算法》及43號文明確允許地方政府直接發行債券，不得再通過地方政府融資平臺或企業渠道舉債。另外還規定發行地方政府債券不列入地方政府財政赤字。因此，各級地方政府為了滿足經濟建設及發展的需要，發行地方政府債券勢在必行，且發行規模逐步增長。

（2）發行時間集中。從發行時間來看，地方政府債券主要集中於第一、二、三季度發行，第四季度往往是下一年度發行的準備期。近兩年國家連續出抬文件，要求各地政府在9月底以前完成全年地方政府債券發行任務，發行時間集中。

（3）投資群體需要豐富。目前地方政府債券主要面向銀行、證券公司及基金公司等機構投資者進行發售，投資群體需要豐富。33號文明確指出要豐富地方政府債券投資群體，鼓勵商業銀行、保險公司、基金公司、社保基金、個人以及中小投資機構參與投資地方政府債券。

第三節 2018 年與 2019 年發行情況對比

一、2018 年 1 月至 2019 年 8 月地方政府債券發行規模對比

從圖 5-10 中我們可以看到，2018 年受政策影響第三季度發行規模遠超其他月份。2019 年發行規模明顯提升，其中 1—3 月份發行量遠超去年同期，4—5 月份發行量略有下滑。相比於 2018 年，2019 年的發行時間也大幅提前，發行進度明顯加快。

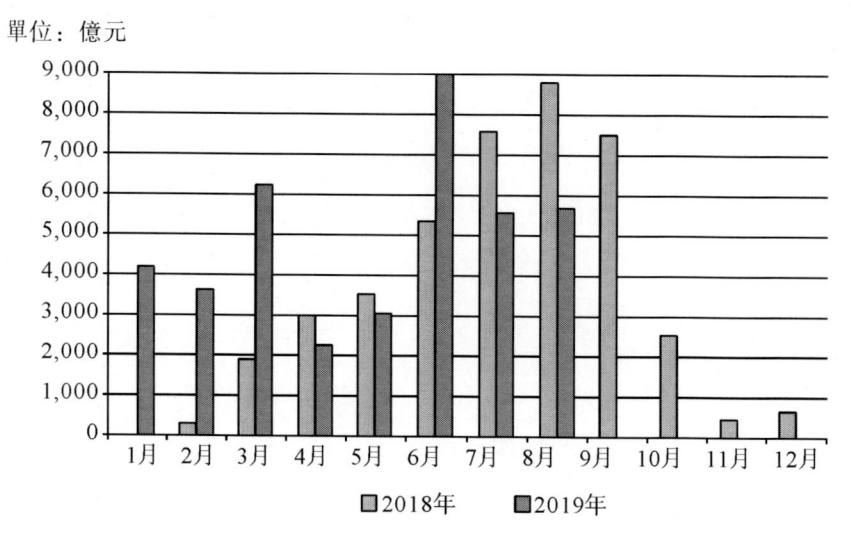

圖 5-10　2018 年 1 月至 2019 年 8 月地方政府債券月發行量統計

二、2018 年 1 月至 2019 年 8 月地方政府債券發行期限對比

從圖 5-11 可以看出，2018 年平均發行期限維持在 6 年左右，2019 年地方政府債券和專項債券平均發行期限均高於 2018 年同期發行期限。究其原因，從 161 號文到今年的 23 號文，再到 2019 年 6 月 10 日出抬的兩廳 33 號文，均鼓勵提高中長期債券期限比例。受系列政策影響，2019

年中長期債券發行明顯增多。

此外，根據財政部公示的每月累計地方債券平均期限來看，專項債券平均期限均小於地方債券平均期限，且兩者差距在 2019 年之後逐漸拉大。截止到 2019 年 8 月，兩者差距已經達 2 年以上。

單位：年

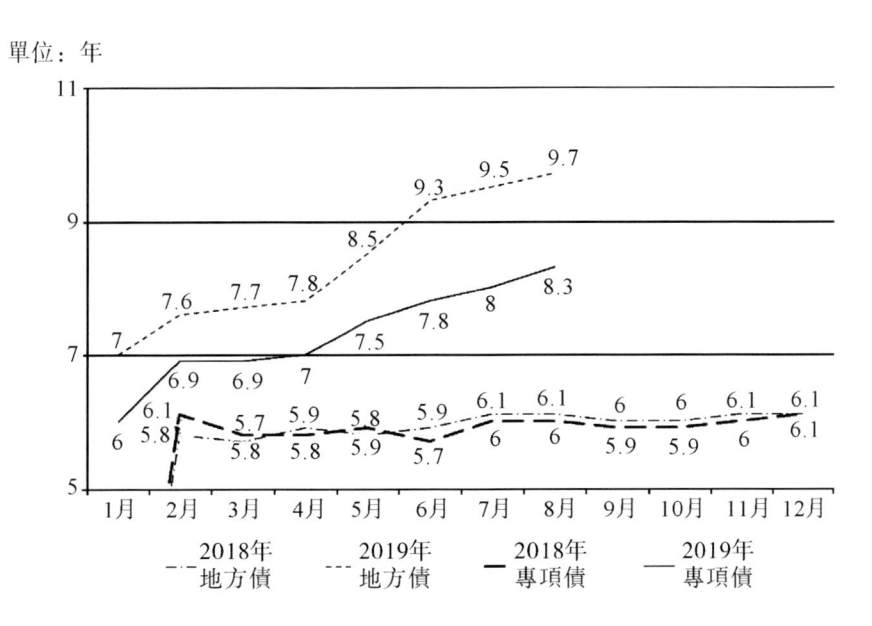

圖 5-11　2018 年 1 月至 2019 年 8 月地方政府債券月累計平均發行期限統計

三、2018 年 5 月至 2019 年 8 月地方政府債券發行利率對比

從圖 5-12 可以看出，2019 年伊始，平均發行利率就遠低於 2018 年，雖然呈現上升趨勢，但仍小於 2018 年最低平均發行利率。2019 年 8 月，當月平均發行利率為 3.38%，其中一般債券 3.30%，專項債券 3.49%。預計隨著未來中長期債券發行的增多，2019 年平均發行利率會小幅度上漲。

此外，根據財政部公示的每月累計地方債券平均發行利率來看，2019 年 1—8 月專項債券平均發行利率均小於地方債券平均發行利率。

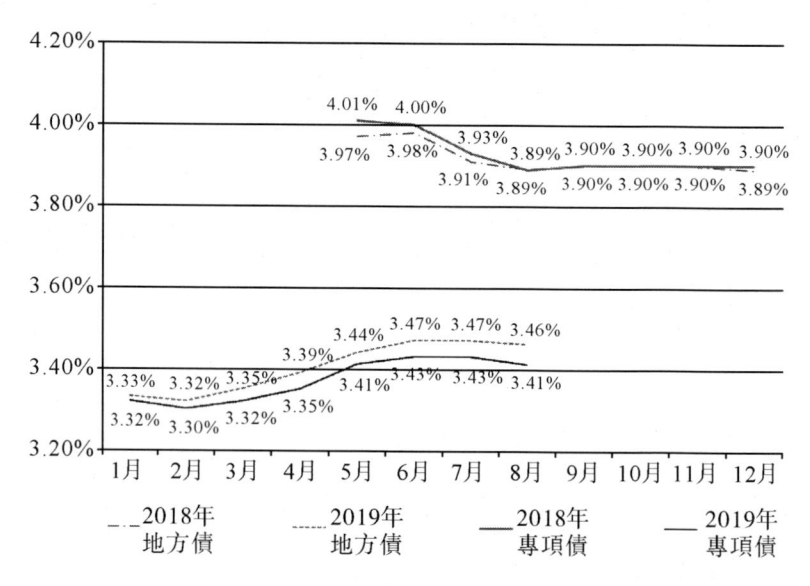

圖 5-12　2018 年 5 月至 2019 年 8 月地方政府債券累計平均發行利率

第四節　地方債券櫃臺發售情況

2019 年 3 月 15 日，財政部發布《關於開展通過商業銀行櫃臺市場發行地方政府債券工作的通知》（財庫〔2019〕11 號）。通知指出，地方政府公開發行的一般債券和專項債券，可通過商業銀行櫃臺市場在本地區範圍內（計劃單列市政府債券在本省範圍內）發行。

以往地方政府債券主要通過全國銀行間債券市場、證券交易所債券市場發行，投資主體主要是銀行、券商、基金公司等機構。通知允許個人和中小機構投資者通過銀行櫃臺購買地方政府債券，此舉一方面增加了商業銀行櫃臺市場業務品種，豐富了投資主體，更拓寬了地方政府債券的發行渠道；另一方面，隨著地方政府債券發行規模的不斷擴大，銀行櫃臺債的發售有利於緩解專項債發行的資金供給壓力，更好地發揮專項債券對穩投資、擴內需、補短板的作用。

2019年3月15日起，首批6個試點省市寧波市、浙江省、四川省、陝西省、山東省和北京市開始在銀行櫃臺發售地方政府債券。

截至2019年8月，共有11個省市通過銀行櫃臺發售地方政府債券，主要涉及土儲專項債、棚改專項債、收費公路專項債、生態環保專項債四大類（見表5-10）。

表5-10　2019年1—8月櫃臺債發行情況

序號	債券名稱	櫃臺發售額（億元）	期限（年）	票面利率	發行日期
1	寧波市專項債券二期（土儲專項債）	3	3	3.04%	2019.3.22
2	浙江省專項債券二期（棚改專項債）	11	5	3.32%	2019.3.22
3	四川省專項債券三十一期（土儲專項債）	15	5	3.31%	2019.3.25
4	陝西省專項債券二期（棚改專項債）	9	5	3.33%	2019.3.27
5	山東省專項債券十一期（土儲專項債）	10	3	3.01%	2019.3.27
6	北京市專項債券一期（土儲專項債）	10	5	3.25%	2019.3.29
7	北京市專項債券三期（棚改專項債）	10	5	3.25%	2019.3.29
8	海南省專項債券五期（收費公路專項債）	3.5	3	3.22%	2019.6.13
9	上海市專項債券四期（土儲專項債）	5	3	3.22%	2019.6.17
10	廣東省專項債券三十九期（粵港澳大灣區生態環保專項債）	22.5	5	3.34%	2019.6.17
11	廣西壯族自治區專項債券十期（土儲專項債）	3	3	3.43%	2019.6.19
12	安徽省專項債券五期（基礎設施專項債）	8	5	3.41%	2019.7.31

第六章

項目收益專項債券案例分析

第一節　土地儲備項目案例

四川省眉山市彭山區土地儲備專項債券項目

2019年2月25日，四川省公開發行2019年四川省土地儲備專項債券（四期）—2019年四川省政府專項債券（二十期），發行額69.64億元，發行期限5年，票面利率3.16%，其中眉山市彭山區土地儲備專項債券發行1億元。本項目發行的信息披露整理如下：

一、項目參與主體情況

實施機構：眉山市彭山區土地儲備中心
項目業主：眉山市彭山區土地儲備中心

二、項目建設內容

本項目由兩個地塊構成，地塊一為恒大童世界地塊，項目所在區域在青龍鎮、牧馬鎮，徵地面積共900畝（註：1畝≈667平方米，全書

同）。地塊二為未來水郡城、彭祖新城地塊，項目所在區域在彭溪街道、武陽鎮、鳳鳴街道等，徵地面積共 1,714.31 畝。本項目徵地面積共 2,614.31 畝。

三、經濟社會效益

經濟效益：本項目的實施不僅可以顯著提升國有土地資源的內在價值，預計可實現土地出讓收入 470,574.99 萬元，還將提供更多的直接和間接就業機會。

社會效益：土地儲備制度緩解了城市建設對城市郊區農地的需求。保護耕地是中國的基本國策之一，為此必須嚴格控制城市用地外延擴張的趨勢。實施土地收購儲備制度後，土地供應的計劃性增強，可以限制利用率低、配置不合理的城市存量土地的開發利用，增加城市建設用地的有效供給，化解城市建設對城市郊區農用地的需求。

四、投資估算及資金籌措方案

投資估算：本項目總投資 206,260.38 萬元，其中徵地成本 200,075.38 萬元，佔總投資的 97.00%；建設期利息 6,027 萬元，佔總投資的 2.92%；發行費用 158 萬元，佔總投資的 0.08%。

資金籌措：本項目總投資 206,260.38 萬元，其中資本金 13,260.38 萬元，佔總投資的 6.43%。資本金來源於財政預算安排資金。2018 年、2019 年資本金投入分別為 979.02 萬元、12,281.36 萬元。計劃發行專項債券融資 193,000 萬元，佔總投資的 93.57%。其中 2018 年計劃發行 5 年期專項債券 12.3 億元，2019 年計劃發行 3 年期專項債券 7 億元。

該項目 2018 年已實際發行 5 年期 3 批次共計 4.2 億元，截至 2019 年

5月31日，已發行5年期2批次共計2億元。

五、項目收益與融資平衡情況

土地出讓價格參照彭山區近三年土地成交情況和周邊地塊近期成交情況綜合確定。本項目土地出讓類型為商住用地，土地出讓價格按180萬元/畝進行測算，預計可實現土地出讓收入470,574.99萬元。

本項目應付債券利息共40,425萬元，其中建設期利息6,027萬元，計入經營期財務費用的債券利息共34,398萬元。

本項目土地出讓成本費用共146,601.35萬元，其中國有土地收益基金18,823.00萬元，新農村基礎設施建設基金9,411.50萬元，農業土地開發資金653.58萬元，保障性安居工程基金、農田水利建設基金、教育基金、徵地調節基金、舊城區危房和棚戶區改造資金均為23,542.65萬元。

本項目全部專項債——193,000萬元到期時，在償還當年到期的債券本息後，將仍有96,575.64萬元的累計現金結餘。期間將不存在任何資金缺口。

六、獨立第三方專業機構評估意見

本項目由中勤萬信會計師事務所（特殊普通合夥）安徽分所出具財務評估報告（勤信皖咨字〔2018〕第0026號）。報告認為，在項目收益預測所依據的各項假設前提下，本次評價的2018年眉山市彭山區土地儲備項目預期土地出讓收入對應的政府性基金收入能夠合理保障償還融資本金和利息，實現項目收益和融資自求平衡。

本項目由北京盈科（合肥）律師事務所出具法律意見書（2018盈合

肥非訴字第 HF2319 號）。該所認為：申請項目具備申請入庫的條件，但尚需取得發行的省級人民政府批准及向財政部備案；項目業主單位為合法設立及有效存續的主體，項目已取得立項、規劃、省政府等必備的批准文件，具備建設實施的許可手續；申請項目存在相關法律風險，但均可設置風險防範措施，不構成實質性障礙。

案例總結：

一、項目背景

1. 符合國家重大戰略規劃

2016 年國務院印發《關於進一步加強城市規劃建設管理工作的若干意見》明確提出「實現城市有序建設、適度開發、高效運行，努力打造和諧宜居、富有活力、各具特色的現代化城市，讓人民生活更美好」。2017 年 5 月，財政部、國土資源部聯合出抬了《地方政府土地儲備專項債券管理辦法（試行）》（財預〔2017〕62 號），規範土地儲備融資行為，促進土地儲備事業持續健康發展。

2. 符合省/市/縣戰略規劃

《眉山市國民經濟和社會發展第十三個五年規劃綱要》提出要加快培育區域新增長極，堅持現代產業、現代生活、現代都市「三位一體」，加快天府新區眉山片區建設，建設全域天府新區，打造宜業宜商宜居的國際化現代新城區。堅持產城一體、景城一體、文城一體，加快岷東新區創新發展，建設宜業宜商宜居、和諧自然人文的生活品質之城。加快推進眉山現代工業新城創新發展，加快總部經濟區建設，建成千億產業新城。完善區域協調發展機制，完善區域發展政策，推動區域聯動發展。

二、滿足公益性要求

本項目的土地儲備增加了城市建設用地的有效供給，緩解了城市建設對城市郊區農用地的需求，將對環境效益產生積極影響，推動綠色和諧生活環境的打造，營造健康的購物、休閒、生活空間。

三、收益覆蓋債券本息

經會計師事務所出具的財務評估報告可以得知，本項目實施後項目收益能夠覆蓋債券本息。

綜上分析：四川省眉山市彭山區土地儲備專項債券項目符合土地儲備發展要求，項目建設條件成熟，具有可觀的經濟效益和良好的社會效益。前期工作充分，設計方案合理，項目已經開工建設。項目收益穩定，可以償付債券本息，具備發行收益與融資自求平衡專項債券的條件。

四川省內江市市本級土地儲備專項債券項目

2019年3月25日，四川省公開發行2019年四川省土地儲備專項債券（五期）—2019年四川省政府專項債券（三十一期），發行額52.29億元。其中，內江市市本級土地儲備專項債發行2.81億元，發行期限5年，票面利率3.31%。本項目發行的信息披露整理如下：

一、項目參與主體情況

實施機構：內江市國土資源儲備中心
項目業主：內江市國土資源儲備中心

二、項目建設內容

本項目屬於土地整理項目（含基礎設施建設項目），具體包括鄧家壩項目位於內江新城鄧家壩片區，謝家河D組團項目位於內江新城謝家河片區，正大集團地塊位於內江市中心城區的西林大道與北環線交叉口。

三、經濟社會效益

經濟效益：本項目的實施可顯著提升國有土地資源的內在價值，還將提供更多的直接和間接就業機會。項目建成後的小區將形成新的消費和市場需求，增加服務行業的就業崗位。

社會效益：本項目的實施有利於增強規劃的剛性地位，保證城市規劃有效、統一實施。同時，土地儲備可以更好地顯化土地價值，並以此綜合平衡經營性用地與基礎設施用地、工業用地、公益性用地之間的前期開發成本。

四、投資估算及資金籌措方案

投資估算：本項目總投資為312,975.42萬元，包括項目建設投資278,971.02萬元，占89.14%；專項費用34,004.40萬元，占10.86%，其中建設期利息33,810萬元，發行費用194.4萬元。

資金籌措：本項目總投資312,975.42萬元，其中資本金36,175.42萬元，占總投資的11.56%。資本金來源於財政預算安排資金。本項目計劃發行專項債券融資276,800萬元，占總投資的88.44%。其中2018年計劃發行專項債券112,000萬元，2019年計劃發行專項債券96,000萬元，2020年計劃發行專項債券68,800萬元。

該項目 2018 年已實際發行 1 批次共計 50,000 萬元，2019 年 6 月 3 日，已實際發行 2 批次共計 31,100 萬元。

五、項目收益與融資平衡情況

土地出讓價格參照內江市本級近三年成交情況綜合確定。本項目預計土地出讓總收入 742,317 萬元。

本項目應付債券利息共 51,665.60 萬元，其中建設期利息 33,810.00 萬元，計入經營期財務費用的債券利息共 17,855.60 萬元。本項目土地出讓總成本費用合計 150,348.49 萬元。

在項目營運期結束時，項目以土地出讓收入為基礎，計算期內累計資金流入 1,055,292.42 萬元，累計資金流出 757,979.51 萬元，累計現金結餘 297,312.91 萬元。本項目全部 276,800.00 萬元專項債到期時，在償還當年到期的債券本息後，將仍有 297,312.91 萬元的累計現金結餘，期間將不存在任何資金缺口，收益覆蓋率為 2.26 倍。

六、獨立第三方專業機構評估意見

本項目由中勤萬信會計師事務所（特殊普通合夥）安徽分所出具財務評估報告（勤信皖咨字〔2018〕第 0012 號）。該報告認為，在項目收益預測所依據的各項假設前提下，本次評價的土地儲備項目預期土地出讓收入對應的政府性基金收入能夠合理保障償還融資本金和利息，實現項目收益和融資自求平衡。

本項目由北京盈科（合肥）律師事務所出具法律意見書（〔2018〕盈合肥非訴字第 HF2321 號）。該所認為：申請項目具備申請入庫的條件，但尚需取得發行的省級人民政府批准及向財政部備案；項目業主單位為

合法設立及有效存續的主體，項目已取得立項、規劃、省政府等必備的批准文件，具備建設實施的許可手續；申請項目存在相關法律風險，但均可設置風險防範措施，不構成實質性障礙。

案例總結：

一、項目背景

1. 符合國家重大戰略規劃

2016年國務院印發《關於進一步加強城市規劃建設管理工作的若干意見》明確提出「實現城市有序建設、適度開發、高效運行，努力打造和諧宜居、富有活力、各具特色的現代化城市，讓人民生活更美好」。2017年5月，財政部、國土資源部聯合出抬了《地方政府土地儲備專項債券管理辦法（試行）》（財預〔2017〕62號），規範土地儲備融資行為，促進土地儲備事業持續健康發展。

2. 符合省/市/縣戰略規劃

2016年10月31日，四川省人民政府做出了關於《內江市域城鎮體系規劃和內江市城市總體規劃（2014—2030）》的批復，原則上通過了內江市新的城市規劃方案，將內江市定位為成渝城市群地區性中心城市、綜合交通樞紐和現代產業基地，以及以書畫文化和山水園林為特產的濱水宜居城市。本次城市規劃區範圍涉及十二個街道辦事處、十九個鄉鎮轄區範圍，考慮城市建設用地發展及大型基礎設施的佈局，控制用地面積共計758平方公里，城市規劃區範圍內進行「四區」劃定。

《內江市國民經濟和社會發展第十三個五年規劃綱要》提出要遵循城鎮自然聚合發展規律和內江市城鎮發展趨勢，「十三五」時期，以提升中

心城區、三個縣城和四個縣域副中心集聚能力為重點，逐步形成「一主多輔，大中小協調並進」的城鎮發展格局。強化內江市中心城區核心地位，增強城市產業支撐，有序擴大城市規模，打造區域性中心城市，實現「強心戰略」。

二、滿足公益性要求

本項目所涉及的收儲項目在實施後能夠完善眾多基礎設施，改善城市環境，增加城市建設用地規模，對城市後期發展起到積極的促進作用；項目實施後能夠改善區域現狀，提升城市綜合環境和城市形象，盡早使項目區域朝著城市總體規劃的目標前行。

三、收益覆蓋債券本息

經會計師事務所出具的財務評估報告可以得知，本項目實施後項目收益能夠覆蓋債券本息。

綜上分析：四川省內江市市本級土地儲備專項債券項目符合土地儲備發展要求，項目建設條件好，具有可觀的經濟效益和良好的社會效益。前期工作充分，設計方案合理，項目已經開工建設。項目收益穩定，可以償付債券本息，具備發行收益與融資自求平衡專項債券的條件。

第二節　棚戶區改造項目案例

寧波市 2019 年棚戶改造項目專項債券（一期）

2019 年 2 月 27 日，寧波市公開發行 2019 年寧波市棚改專項債券（一期）—2019 年寧波市政府專項債券（一期），發行額 20 億元，發行

期限 10 年，票面利率 3.40%。本項目發行的信息披露整理如下：

一、項目參與主體情況

項目建設單位：寧波市鎮海區蛟川北區新農村建設有限公司、寧波市甬鎮投資有限公司

二、項目建設內容

寧波市 2019 年棚戶改造項目專項債券資金擬用於 2019 年寧波綠色石化片區產城融合生態綜合開發棚改項目，包括寧波石化經濟技術開發區灣塘、嵐山二期項目、蛟川北區棚改區改造一期項目、蛟川北區棚改區改造二期項目、蛟川北區棚改區改造三期項目和鎮海區危舊房改造二期項目建設。

三、經濟社會效益

經濟效益：有利於提高土地利用價值。本項目建設通過對被拆遷居民進行集中統一安置，解決拆遷範圍內存在的各種突出問題，科學合理規劃原有土地用途，充分挖掘農村建設用地的潛力。在滿足土地利用總體規劃、城市總體規劃要求的基礎上，保證當地經濟發展所需要的建設用地，在建設用地總量不變的情況下增加土地的效益產出，使土地使用效率得到切實提高。有利於帶動當地經濟的發展。在當前拉動內需的大的政策環境下，項目的建設能帶動相關行業的發展，能強力推動民生及社會事業投資，增加就業機會以及勞動崗位，增加收入，促進消費，拉動地方國民經濟的增長。

社會效益：本項目的建設將對地塊內現有村民住宅進行拆遷，對村

民進行安置，徹底改善村民居住條件和生活環境，推進整個街道整體發展以及鎮海全區推進城鄉一體化、全域城市化建設進程。將有利於確保人民群眾基本生活保障和社會穩定，促進和諧社會發展。

四、投資估算及資金籌措方案

投資估算：本項目總投資為2,138,300萬元，包括建設投資1,992,708萬元，建設期利息145,592萬元。

資金籌措：本項目為新建項目，項目總投資為2,138,300萬元，2019年計劃使用寧波市棚改專項債券資金670,000萬元，其餘部分由財政統籌安排。

五、項目收益與融資平衡情況

根據項目建設及出讓計劃，本次寧波市棚戶區改造專項債券募集資金投資項目的可出讓地塊包括棉豐村拆遷改造區塊、陳家村拆遷改造區塊、俞範拆遷改造區塊、經濟開發區收儲地塊、甬江北岸電廠區塊以及漲鑑契地塊，並計劃在債券存續期第四年（即2022年）開始進行土地出讓，在六年內出讓完畢，每年出讓比例分別為10%、10%、10%、10%、30%、30%。預計可實現土地出讓收入5,080,156.00萬元，扣除稅費成本、政策性基金等費用，可用於償還項目融資本息的收入共計4,463,199.00萬元，預計土地出讓收入對總融資成本的覆蓋率為1.94倍，項目收益可以覆蓋融資成本，保障程度較高。

六、獨立第三方專業機構評估意見

本項目由寧波世明會計師事務所出具財務評估報告（甬世會專

〔2019〕第 004 號)。報告基於財政部對地方政府發行項目收益與融資自求平衡的專項債券的要求，並根據我們對當前國內融資環境的分析，認為本項目可以以相較銀行貸款利率更優惠的融資成本完成資金籌措，保證項目的順利實施。同時，平衡地塊固有建設用地使用權掛牌出讓收益作為資金回籠手段，為項目提供了充足、穩定的現金流入，充分滿足了本項目還本付息要求。

本項目由浙江導司律師事務所出具法律意見書，該意見書認為：募投項目已取得初步批復文件並已納入省級棚戶區改造計劃；本次債券發行額度在財政部預下達的 2019 年寧波市新增地方政府債務專項債券限額內，且已被列入政府性基金預算；募投項目的償債資金來源主要為國有土地使用權出讓收入。在世明會計師事務所對項目收益預測及其所依據的各項假設前提實現的情況下，募投項目預期收益可覆蓋融資本息，資金無法償還風險較低，滿足項目收益和融資自求平衡的要求；為募投項目提供服務並出具專項意見的會計師事務所、律師事務所均具備相應的從業資質。

案例總結：

一、項目背景

1. 符合國家重大戰略規劃

棚戶區改造是重大的民生工程和發展工程。2008 年以來，各地區、各有關部門貫徹落實黨中央、國務院決策部署，將棚戶區改造納入城鎮保障性安居工程，大規模推進實施。

2013 年國務院印發《國務院關於加快棚戶區改造工作的意見》，指

出要進一步加大棚戶區改造力度，讓更多困難群眾的住房條件早日得到改善，同時，有效拉動投資、消費需求，帶動相關產業發展，推進以人為核心的新型城鎮化建設，發揮助推經濟實現持續健康發展和民生不斷改善的積極效應。要求各級政府要加大政策支持力度，多渠道籌措資金，確保建設用地供應，落實稅費減免政策，完善安置補償政策。

2015年國務院印發《國務院關於進一步做好城鎮棚戶區和城鄉危房改造及配套基礎設施建設有關工作的意見》，要求各地區抓緊編製城鎮棚戶區改造實施方案，加快城鎮棚戶區改造，完善配套基礎設施。同時提出要創新融資體制機制，構建多元化棚改實施主體，發揮開發性金融支持作用。

《國民經濟和社會發展第十三個五年規劃綱要》也指出要加快城鎮棚戶區和危房改造，十三五期間基本完成城鎮棚戶區和危房改造任務。將棚戶區改造與城市更新、產業轉型升級更好結合起來，加快推進集中成片棚戶區和城中村改造，有序推進舊住宅小區綜合整治、危舊住房和非成套住房改造，棚戶區改造政策覆蓋全國重點鎮。完善配套基礎設施，加強工程質量監管。

2. 符合省/市/縣戰略規劃

2016年，寧波市結合區域經濟發展和本市實際情況，根據《中共寧波市委關於制定國民經濟和社會發展第十三個五年規劃的建議》，制定了《寧波市國民經濟和社會發展第十三個五年規劃綱要》，指出要認真落實「四個全面」戰略佈局和省委「八八戰略」。以創新、協調、綠色、開放、共享五大發展理念為引領，按照躋身全國大城市第一方隊和建設中國特色社會主義「四好示範區」的要求，緊扣提高發展質量和效益這一中心，深入實施「六個加快」和「雙驅動四治理」戰略決策，持續推進

經濟社會轉型發展行動計劃，著力建設創新型城市，著力打造港口經濟圈，著力構建寧波都市圈，著力提升國際化水準，統籌推進經濟建設、政治建設、文化建設、社會建設、生態文明建設和黨的建設，高水準全面建成小康社會，為全面建成現代化國際港口城市打下堅實基礎。

「十三五」時期，寧波經濟社會發展的總體目標是：努力建設更具創新能力的經濟強市，初步形成更具國際影響力的港口經濟圈和製造業創新中心、經貿合作交流中心、港航物流服務中心，基本形成更具集聚輻射能力的寧波都市區，爭創更高品質的民生幸福城市，基本建成特色鮮明的文化強市，創建全國生態文明先行示範區，基本形成更加完善的治理體系。

二、滿足公益性要求

通過項目的實施，棚戶區將被改造為佈局合理、配套齊全、人居環境優良的城市新社區，極大地改善原棚戶區居民的生產、生活條件，美化城市環境，也便於污水和固體廢棄物的統一處理，有利於生態環境的治理保護。同時在外部環境上配套齊全教育、衛生、文化等公共設施，為構建和諧社會奠定堅實的基礎。

三、收益覆蓋債券本息

經閱讀會計師事務所出具的財務評估報告可以得知，本項目實施後項目收益能夠覆蓋債券本息。

綜上分析：寧波市 2019 年棚戶改造項目專項債券（一期）符合全面推進棚戶區改造戰略發展的要求，棚戶區的改造有利於城鄉發展的統一，改善居住環境。項目建設條件好，具有穩定的經濟效益和良好的社會效

益，且具有顯著公益性。項目前期準備工作充分，設計方案合理，項目已經開工建設。項目收益穩定，可以償付債券存續期間的債券本息，具備發行項目收益與融資自求平衡專項債券的條件。

四川省自貢市富順縣棚改項目專項債券

2019 年 6 月 3 日，四川省公開發行 2019 年四川省棚戶區改造專項債券（十期）—2019 年四川省政府專項債券（七十八期），發行額 29.04 億元。其中本項目發行 1.7 億元，發行期限 7 年，票面利率 3.58%。本項目發行的信息披露整理如下：

一、項目參與主體情況

實施機構：四川省自貢市富順縣住房和城鄉規劃建設局
項目業主：富順縣富州城市建設開發有限公司

二、項目建設內容

富順縣西城片區棚戶區改造和基礎設施建設項目包括兩個部分：富順縣西城棚戶區「城中村」改造工程和富順縣玉河溝棚戶區改造及配套基礎設施建設項目。其中，富順縣西城棚戶區「城中村」改造工程項目地址位於富順縣西城富世鎮的慶和村、光燈村、槽店村和安和村。富順縣玉河溝棚戶區改造及配套基礎設施建設項目位於富順縣富世鎮，分佈在富順縣城中心半邊街、解放街、金山路、少湖路、玉河溝、玉河巷、肉聯廠、釜江大道東段、高峰村、西干道、濱江路等區域。

三、經濟社會效益

經濟效益：本項目建設通過對被拆遷居民進行集中統一安置，解決

拆遷範圍內存在的建築物佈局凌亂、居民生活條件惡劣的突出問題，科學合理規劃原有土地，充分挖掘建設用地的潛力。在富順縣土地利用總體規劃、城市總體規劃要求的指引下，保證當地經濟發展所需要的建設用地，提高土地的效益產出，使土地使用效率得到切實提高。

本項目的建設還將有效解決土地資源約束、發展空間受限的問題，有利於推進富順縣西城產業轉型升級，加快富順縣西城城市化進程，有效帶動周邊地區發展，進一步改善居民居住條件和投資環境，加快沿線區域的建設與開發，引導該區域產業結構和產業佈局的調整，帶動商業、建築業、運輸業等相關產業的迅速發展，從而促進項目影響區域的經濟繁榮，推動社會經濟的持續發展。

社會效益：富順縣城市總體規劃、和諧社區要求都對城市功能的完善及基礎設施的配套提出了更高的要求。西城片區棚戶區改造和基礎設施建設項目的實施，將為富順縣西城城市環境質量提檔升級提供有利條件，給城市注入新的活力。

四、投資估算及資金籌措方案

投資估算：本項目總投資為153,986.36萬元，其中建設投資142,135.86萬元，占總投資比例的92.30%；建設期利息為11,735.50萬元，占7.62%；發行費用為115萬元，占0.07%。

資金籌措：本項目總投資153,986.36萬元. 業主自有資金38,986.36萬元，占25.32%。該資金來源已經納入財政預算支出計劃。計劃發行專項債券融資115,000.00萬元，占項目總投資的74.68%。

五、項目收益與融資平衡情況

本項目計算期內收入383,127.15萬元，其中土地出讓收入累計

297,042.55萬元，車位銷售收入累計6,216.00萬元。

本項目專項債券利息計入建設期利息累計11,735.50萬元，計入經營期利息累計23,789.50萬元。

本項目以土地出讓收入為基礎，計算期內累計經營性現金流入268,989.18萬元，累計現金流出142,135.86萬元，累計現金結餘130,199.68萬元。經測算，本項目全部115,000.00萬元專項債到期時，在償還當年到期的債券本息後，期間將不存在任何資金缺口，項目收益覆蓋本息率為2.55倍。

六、獨立第三方專業機構評估意見

本項目由四川眾信會計師事務所有限公司出具財務評估報告（川眾信專字〔2018〕第0801號）。該所認為，在項目收益預測所依據的各項假設前提下，本次評估的「2018年四川省自貢市富順縣西城片區棚戶區改造和基礎設施建設項目」預期項目收益能夠合理保障償還融資本金和利息，實現項目與融資自求平衡。

本項目由北京盈科（溫州）律師事務所出具法律意見書（2018盈溫律意字第WZ1332號）。該所認為：本項目具備申請土地儲備專項債券的條件，但尚需取得發行的省級人民政府批准及向財政部備案；項目業主單位為合法設立及有效存續的主體，項目已取得立項、環評等批准文件，具備建設實施的許可手續；申請項目存在相關法律風險，但均設置了風險防範措施，不構成實質性障礙。根據《專項評估報告》所述，申報項目具有穩定的預期償債資金來源，能夠實現項目收益與融資的平衡。為本次申報提供服務的諮詢公司具備諮詢資質，提供服務的會計師事務所、律師事務所均具備從業資格。項目符合《預算法》《證券法》、國發

〔2014〕43號文、財庫〔2015〕83號文、財預〔2017〕89號文、財預〔2016〕155號文、財預〔2015〕225號文等法律、法規及規範性文件的有關規定，發行人實施本期債券發行方案不存在法律障礙。

案例總結：

一、項目背景

1. 符合國家重大戰略規劃

2008年10月，國務院出抬「擴大內需十項措施」，明確提出全面啓動棚戶區改造，加快建設保障性安居工程。2015年6月，國務院頒布《關於進一步做好城鎮棚戶區和城鄉危房改造及配套基礎設施建設有關工作的建議》，2016年2月《中共中央 國務院關於進一步加強城市規劃建設管理工作的若干意見》印發，提出要大力推進城鎮棚戶區改造，穩步實施城中村改造，有序推進老舊住宅小區綜合整治、危房和非成套住房改造，加快配套基礎設施建設，切實解決群眾住房困難。2018年財政部、住房城鄉建設部聯合制定《試點發行地方政府棚戶區改造專項債券管理辦法》，明確納入試點的地方政府為推進棚戶區改造可以發行以項目對應並納入政府性基金預算管理的國有土地使用權出讓收入、專項收入償還的地方政府專項債券。

2. 符合省/市/縣戰略規劃

《四川省國民經濟和社會發展第十三個五年規劃綱要》提出要推進現代化城市建設，轉變城市發展方式，提高城市治理能力，著力解決城市病等突出問題，推進「創新、綠色、智慧、人文」城市建設，打造和諧宜居、富有活力、各具特色的現代化城市。科學規劃城市空間佈局，控

制城市開發強度，合理劃定城市開發邊界，統籌老舊城區改造和城市新區建設，促進具備條件的開發區向城市功能區轉型，提高城市規劃建設水準和空間利用效率。加強城市的空間立體性、平面協調性、風貌整體性、文脈延續性等方面的規劃和管控，留住城市特有的地域環境、文化特色、建築風格等「基因」。加強城市管理數字化平臺建設和功能整合，建設綜合性城市管理數據庫，開展國家智慧城市試點。加強地下綜合管廊、停車場、城市綠地等建設，積極開展海綿城市試點，防治城市內澇，提高城市綜合承載能力。繼續推進「百萬安居工程建設行動」，加大城鎮危舊房和棚戶區、老舊小區改造力度。加快住宅產業現代化，提升住宅綜合品質。促進房地產市場平穩發展，推進建築業發展方式轉變。推進國家新型城鎮化綜合試點和中小城市綜合改革試點，深化城鎮住房制度改革，建立購租並舉的住房制。

根據《自貢市城市棚戶區改造規劃（2013年版）》的要求，著力加快城市棚戶區改造步伐，要按照「改造一片舊城、復興一批街區、造福一方百姓」的思路認真研究規劃自貢市城市棚戶區改造。各區從長遠出發進一步優化完善規劃和實施方案。

根據《四川自貢棚戶區改造三年攻堅計劃》，自貢市將力爭用三年時間（2016—2018年）實施34個棚戶區改造項目，改造城市棚戶區5.3萬戶以上。

依據《富順縣城市總體規劃（2011—2030）》，富順縣定位於自貢區域中心城市的副中心，打造歷史文化特色突出、綜合服務功能完善、宜居宜業宜商的生態宜居中等城市。

根據《2018年自貢市富順縣政府工作報告》，富順縣將著力打造晨光工業園區、川南特色鄉村旅遊示範區、才子之鄉川南教育名片、川南

次級交通樞紐聯結地。以做優做精城市、提升城市人文特色和綠色品質為重點，加快舊城復興和新區拓展，用三年左右時間，基本建成經濟繁榮、特色彰顯、生態宜居的中等城市。

二、滿足公益性要求

本項目的實施為集約利用土地，從解決經濟發展中的人口、資源和環境各要素之間的矛盾入手，高標準統籌建設集中安置房。本項目的建設將有效緩解低收入家庭住房困難問題，有利於確保人民群眾基本生活保障，有利於社會穩定，同時加入了教育、衛生、文化等公共設施的投入，使得居民生活環境大為改善，促進和諧社會發展。

三、收益覆蓋債券本息

經會計師事務所出具的財務評估報告可以得知，本項目實施後項目收益能夠覆蓋債券本息。

綜上分析：四川省自貢市富順縣棚改項目符合國家棚戶區改造發展的要求，項目建設條件好，具有可觀的經濟效益和良好的社會效益。前期工作充分，設計方案合理，項目已經開工建設。項目收益穩定，可以償付債券本息，具備發行收益與融資自求平衡專項債券的條件。

第三節　收費公路項目案例

湖北省（武漢市）收費公路專項債券

2019年2月28日，湖北省公開發行2019年湖北省（武漢市）收費公路專項債券（一期）—2019年湖北省政府專項債券，發行規模10億

元，期限 10 年，票面利率 3.41%，利息按半年支付，到期一次性償還本金。本項目發行的信息披露整理如下：

一、項目參與主體情況

項目業主：武漢交通工程建設投資集團有限公司

監管部門：武漢市交通運輸局

二、項目建設內容

武漢市四環線武湖至吳家山段位於武漢市西北部，是規劃的武漢市四環線的一部分，路線走廊總體呈東西向，連接青山長江公路大橋，途經黃陂區和東西湖區，終於 G107。本項目路段全長 47.043 千米，全線採用設計速度 100km/h、路基寬度 41 米的雙向八車道高速公路標準建設。全線共設置漢施互通、白沙灣樞紐互通、鞠家咀樞紐互通、林家灣互通、三店互通（預留）、墨家湖互通和徑河互通（複合互通）7 處互通式立交，匝道收費站 4 處，服務區與停車區各 1 處，監控管理分中心（與停車區合建）與養護工區（與林家灣互通收費管理站合建）各 1 處。

三、經濟社會效益

四環線建成後可作為市區對外出行轉換以及組團間聯繫的主要通道，有效彌補現有外圍環線佈局的不足，提高現有路網的機動性與靈活性，確保繞城高速服務於長途過境交通需求的主要服務功能能夠持續實現，並促使三環線更多地滿足主城區交通發展需求，從而大力改善武漢市的交通運輸條件。作為四環線在武漢市北部的組成路段，本項目對於提高武漢市環線路網佈局的機動性和靈活性，促進市區路網的整體協調發展

具有重要作用。本項目的建設對於完善湖北省高速公路網佈局，盡早發揮武漢市四環線的交通功能，緩解武漢市三環線交通壓力，拓展城市發展空間，強化武漢市綜合交通樞紐地位，促進沿線經濟社會協調發展等均具有重要意義。總體來看，本項目的建設具有很大的經濟社會效益。

四、投資估算及資金籌措方案

投資估算：本項目投資總額為 1,186,200.00 萬元，其中建安工程 800,226.63 萬元，設備等購置費 5,128.91 萬元，預備費用 79,825.85 萬元，工程建設其他支出 301,018.61 萬元。

資金籌措：本項目資金籌措總額為 1,186,200.00 萬元，包括項目資本金 296,550.00 萬元，其他資金安排 450,000.00 萬元，其餘資金擬通過發行專項債券籌集，發債規模為 439,650.00 萬元。首期計劃於 2019 年 2 月發行 100,000.00 萬元，二期計劃於 2019 年 4 月發行 100,000.00 萬元，三期計劃於 2020 年發行 200,000.00 萬元，四期計劃於 2021 年發行 39,650.00 萬元，發行期限均為 10 年。

五、項目收益與融資平衡情況

北四環收費公路項目預計未來現金流入主要包括車輛通行費收入和專項收入，專項收入包括收費公路項目對應的廣告收入、服務設施收入、收費公路權益轉讓收入等。根據財務評估報告，本項目營運期內總收入 1,223,860.96 萬元。

項目的營運成本為 367,158.29 萬元，包括維持項目正常持續運行的必要條件，主要包括公路養護、基礎及附屬設施維護、人員薪酬、日常辦公等費用。稅費主要涉及城建稅、教育費附加、堤防費等相關經營稅

費，稅費合計 159,101.92 萬元。

本項目營運期內淨收益 697,600.75 萬元，本息覆蓋率為 1.17 倍。

六、獨立第三方專業機構評估意見

本項目由大信會計師事務所（特殊普通合夥）湖北分所出具財務評估報告（大信鄂咨字〔2019〕第 0002 號）。報告認為：在債券存續期內，本項目收益對債務本金覆蓋率為 1.59，債務本息覆蓋率為 1.17 倍，預期營運收入能夠合理保障償還融資本金及利息，實現項目收益和融資自求平衡。若項目假設條件發生變化，本項目可由政府按規定調整項目資本金比例或發行新一期專項債券保障還本。

本項目由湖北申簡通律師事務所出具法律意見書（〔2019〕申律專字第 2 號），該所認為：本次債券主體、期限、額度符合法律、行政法規、政策性文件規定；本次債券對應投資的項目，依法取得了相應的審批手續，合法合規；投資項目經評估測算，滿足項目收益和融資自求平衡；債券主體及資金使用單位對債券本息的償還，採取了相應的保障措施並制定了有效的應急預案。本次債券的發行不存在實質性法律障礙。

案例總結：

一、項目背景

1. 符合國家重大戰略規劃

2007 年 12 月，國家正式批准武漢城市圈為全國資源節約型和環境友好型社會建設綜合配套改革試驗區；2009 年 4 月，國家發改委批准武漢為全國首個綜合交通樞紐研究試點城市；2009 年 12 月武漢東湖新技術開

發區獲批全國第二個國家自主創新示範區；2010年3月8日國務院批復《武漢城市總體規劃（2010—2020年）》，本項目是規劃建設的重點項目。

2. 符合省/市/縣戰略規劃

本項目是《湖北省公路水路交通運輸發展「十二五」規劃》提出的「七縱五橫三環」高速公路網中「環一」的重要組成路段，並已被列為武漢市「十二五」重大交通建設項目之一。2011年武漢市政府工作報告中明確提出要開工建設四環線。為加快推進項目前期工作，武漢市政府多次召開專題工作會議，並組織成立了四環線建設工程指揮部。目前，四環線西段已開工建設，南段預計年內動工。為盡快形成通道、發揮環線功能，本項目的建設具有較強的緊迫性。

二、收益覆蓋債券本息

經會計師事務所出具的財務評估報告可以得知，本項目實施後項目收益能夠覆蓋債券本息。

綜上分析：本項目符合國家戰略要求，項目建設條件成熟，具有可觀的經濟效益和良好的社會效益。前期工作充分，設計方案合理，收益穩定，可以償付債券本息，具備發行收益與融資自求平衡專項債券的條件。

四川省樂山市收費公路建設項目專項債券

2019年6月3日，四川省公開發行2019年四川省收費公路專項債券（六期）—2019年四川省政府專項債券（八十期），發行額2.32億元。發行期限10年，票面利率3.55%，其中本項目發行0.2億元。本項目發行的信息披露整理如下：

一、項目參與主體情況

實施機構：四川省樂山市交通運輸局

項目業主：樂山市交通投資開發有限公司

二、項目建設內容

本項目包括兩大段：

第一段：井（研）到樂（山）段路線全長29.659千米，包括井研五里橋至寶五段、市中區井研交界處（寶五）至全福段、市中區全福至維洪寺段三個小段。

第二段：樂（山）沙（灣）大道起於高新區斑竹灣大橋高新區岸橋頭、臨江北路路口，沿臨江北路方向，止於太平鎮下山坪，與沙灣規劃的大渡三號橋相接。路線在AK3+432下穿規劃的成貴鐵路。

三、經濟社會效益

經濟效益：隨著本項目的實施，將進一步完善區域內公路交通網絡，有利於沿線區縣能源、礦產、旅遊資源的聯合開發，提高對農副產品、工業原材料和成品、人力物力等的綜合運輸能力，為項目沿線農業產業園建設、工業化水準提高、旅遊業聯動發展和宣傳提供重要的基礎條件，促進產業結構調整和升級，加快產業佈局合理配置，從而帶動整個區域經濟社會的快速發展。

社會效益：公路建設是勞動密集型項目，需要投入大量的人力、物力。建設期間將增加對築路材料的需求，促進經濟的平穩增長，並創造更多的就業崗位。同時，隨著出行條件的改善，有利於區域勞務的輸出，

增加外出就業的機會。

項目的建設也有利於沿線資源的整合開發，進一步加快沿線農村勞動力向城鎮轉移和產業結構優化。隨著樂山市打造雙百城市的實施，各區縣城市化規劃進程的開展，項目的建設將改善地區投資環境，增強對社會投資者的吸引力，促使大城市骨架逐漸生成，推進大城市化進程。項目建設也將有效縮短區域之間的時空距離，提高沿線居民抵抗自然災害、社會經濟風險衝擊的能力，促進區縣均衡發展，促進城市與城鎮協調發展，以及區域間文化、教育、衛生事業的發展，改善民生，促進城鄉一體化進程建設。

四、投資估算及資金籌措方案

投資估算：本項目總投資為431,677.73萬元，其中建設投資409,690.97萬元，占總投資的94.91%；專項債建設期利息為4,500.00萬元，占總投資比例的1.04%；發行費用為100萬元，占總投資的0.02%；長期借款建設期利息（第三方融資）17,386.76萬元，占總投資的4.03%。

資金籌措：本項目資金籌措總額為451,777.73萬元，其中業主自有資金261,777.73萬元，占籌措資金的57.94%，該資金來源已經納入財政預算支出計劃；計劃發行專項債券融資100,000.00萬元，占籌措資金的22.13%；商業銀行貸款金額90,000萬元，占籌措資金的19.93%。籌措資金總額大於總投部分用於償還第三方長期貸款建設期需要償還的本金共計20,100.00萬元。

截至2019年6月3日，該項目已發行2批次共計25,000.00萬元。

五、項目收益與融資平衡情況

根據項目所在地區公路收費站調查的收費交通量比例情況,本項目收費交通量占預測交通量的比例按 97% 考慮,則經營期收入共計 521,086.19 萬元。

本項目專項債券利息計入建設期利息累計 4,500.00 萬元,計入經營期利息累計 40,500.00 萬元,本項目總成本費用合計 300,387.38 萬元。

本項目以道路通行收費收入及橋樑通行收費收入為基礎,計算期內累計經營性現金流入 972,863.92 萬元,累計現金流出 703,226.24 萬元,累計現金結餘 269,637.68 萬元。本項目全部 100,000.00 萬元專項債到期時,在償還當年到期的債券本息後,期間將不存在任何資金缺口。本項目經營淨現金流對本息的覆蓋為 3.59 倍,營業收入對本息的覆蓋為 3.44 倍。

六、獨立第三方專業機構評估意見

本項目由中勤萬信會計師事務所(特殊普通合夥)安徽分所出具財務評估報告(勤信皖咨字〔2018〕第 0042 號)。該報告認為,在發行人對項目收益預測及其所依據的各項假設前提下,該項目預期土地出讓收入對應的政府性基金收入能夠合理保障償還融資本金和利息,實現項目收益和融資自求平衡。

本項目由北京天鐸(成都)律師事務所出具法律意見書。該所認為:樂山市交通投資開發有限公司系在中華人民共和國境內依法設立、合法存續的企業法人,具備從事項目投資開發和經營管理的主體資格。樂山市井研至沙灣段收費公路建設項目屬於政府還貸公路,車輛通行收費收

入屬於政府性基金收入,且該項目已經取得了立項、環評、選址的相關批准或說明文件,項目已開工實施。本項目對於優化交通網絡體系,推進現代化綜合交通運輸體系建設,縮小區域間經濟差距,加快經濟發展均具有重大意義,滿足社會公益性的要求。為本申報項目提供服務的諮詢公司、會計師事務所和律師事務所均具備相應的資質。

案例總結:

一、項目背景

1. 符合國家重大戰略規劃

《國務院辦公廳關於保持基礎設施領域補短板力度的指導意見》(國辦發〔2018〕101號)要求:聚焦短板,支持「一帶一路」建設、京津冀協同發展、長江經濟帶發展、粵港澳大灣區建設等重大戰略,圍繞打好精準脫貧、污染防治攻堅戰,著力補齊鐵路、公路、水運、機場、水利、能源、農業農村、生態環保、公共服務、城鄉基礎設施、棚戶區改造等領域短板,加快推進已納入規劃的重大項目。加快啟動一批國家高速公路網待貫通路段項目和對「一帶一路」建設、京津冀協同發展、長江經濟帶發展、粵港澳大灣區建設等重大戰略有重要支撐作用的地方高速公路項目,加快推進重點省區沿邊公路建設。要保障在建項目順利實施,避免形成「半拉子」工程。

財政部、交通運輸部《關於印發〈地方政府收費公路專項債券管理辦法(試行)〉的通知》(財預〔2017〕97號)要求,2017年在政府收費公路領域開展試點,發行收費公路專項債券,規範政府收費公路融資行為,促進政府收費公路事業持續健康發展,今後逐步擴大範圍。地方

政府為政府收費公路發展舉借債務採取發行收費公路專項債券方式。省、自治區、直轄市政府為收費公路專項債券的發行主體。設區的市、自治州、縣、自治縣、不設區的市、市轄區級政府確需發行收費公路專項債券的，由省級政府統一發行並轉貸給市縣級政府。

2. 符合省/市/縣戰略規劃

《四川省國民經濟和社會發展第十三個五年規劃綱要》提出要堅持統籌規劃、適度超前、智慧發展、以人為本的方針，加強以進出川綜合運輸大通道為重點的現代化基礎設施建設，完善網絡體系，提升保障能力和水準。特別是完善綜合交通網絡，以城際鐵路、高速公路為骨幹，國省干線公路為支撐，農村公路為基礎，客貨運樞紐為集散中心，推進現代綜合交通運輸體系建設。以一、二級公路為主體，深入推進普通國省道提檔升級，著力構建高等級干線公路網。

根據四川省實施「多點多級」支撐發展戰略要求，樂山市「兩化」互動發展，緊緊圍繞「大交通、大產業、大城市」三大聯動的發展戰略，統籌推進各項工作，努力在工業經濟核心競爭力、文旅經濟轉型、城鄉一體化、區域協調發展、民生改善、基礎設施、大城市建設、改革開放、生態文明等方面實現新突破，力爭實現傳統路網向樞紐建設、傳統工業向新型工業化、觀光旅遊向度假休閒遊、傳統農業向現代農業、小城市向大城市、基本小康向全面小康社會的跨越。按照「兩化」互動、產城一體的要求，先行推進交通等公共基礎設施建設，盡快形成城市、產業發展的承載能力和宜業、宜商、宜居的城市環境，科學規劃樂山交通。

二、滿足公益性要求

本項目建成後將與現有樂井路、G213線、樂山繞城高速、進港大

道、蘇沙路、嘉燕路、S103 線、S306 線，將建的仁沐高速，並通過樂山繞城高速與樂雅高速、樂自高速、成樂高速、樂宜高速等有機地連接起來，從而將樂山三大經濟區緊緊聯繫在一起。

本項目是樂山市公路網規劃「一環八射線」主幹道中的重要組成部分。現階段沙灣通往井研最快捷的道路是通過 XL01 線蘇沙路轉行 XL02 線樂井路，但隨著城市化發展，其公路技術等級已難以滿足通行要求。本項目的建成將直接連接井研城市規劃區，經市中區直達沙灣城市規劃區，有效連接樂山市三大經濟區域，成為三大經濟區域之間重要的交通運輸便捷通道，對於公路運輸效率提升效果明顯。

本項目具有通行能力大、運行速度快的特點，將極大地提高和改善沿線交通基礎設施的通達程度、水準和通行質量，有效緩解既有 G213、XL01 和 XL02 通行能力不足的問題，降低交通事故發生率，從整體上提高路網的服務水準、保障能力和搶險救災應急能力。

三、收益覆蓋債券本息

經會計師事務所出具的財務評估報告可以得知，本項目實施後項目收益能夠覆蓋債券本息。

綜上分析：四川省樂山市井研至沙灣聯網暢通工程收費公路建設項目符合國家收費公路建設發展要求，項目建設條件好，具有可觀的經濟效益和良好的社會效益。前期工作充分，設計方案合理，項目已經開工建設。項目收益穩定，可以償付債券本息，具備發行收益與融資自求平衡專項債券的條件。

第四節 鄉村振興項目案例

四川省瀘縣鄉村振興示範項目專項債券

2018年8月20日，四川省公開發行2018年四川省瀘縣鄉村振興專項債券（一期）—2018年四川省政府專項債券（六期），發行額5億元，發行期限7年，票面利率3.75%。本項目發行的信息披露整理如下：

一、項目參與主體情況

實施主體：瀘縣人民政府作為鄉村振興示範項目的實施主體，負責成立瀘縣鄉村振興示範項目工作小組。

牽頭單位：由瀘縣財政局擔任鄉村振興示範項目的牽頭單位，主要配合落實項目配套財政資金、專項債券資金。

實施單位：按照本次鄉村振興示範項目的構成，具體行業主管部門和實施單位由瀘縣住房和城鄉規劃建設局、瀘縣農林局、瀘縣交通運輸局、瀘縣城市管理和行政執法局、瀘縣環境保護局、瀘縣國土資源局等單位組成。

二、項目建設內容

瀘縣鄉村振興示範項目包括宅基地制度改革、基礎設施建設、生態環境保護、產業發展四個大類10個子類項目。

三、經濟社會效益

經濟效益：本項目建成能夠促進產業結構調整，提高農業綜合生產

力，增加就業機會，增加農民財產性收入。

社會效益：推進鄉村農業產業結構優化和調整，加快農民增收致富的步伐，增強農村經濟持續發展的後勁，使城鄉差距和地區差距進一步縮小等，為經濟社會可持續發展奠定堅實基礎。

四、投資估算及資金籌措方案

投資估算：本項目總投資為303,101.85萬元，其中項目建設投資297,651.55萬元（農村宅基地改革項目124,322.41萬元、產業發展項目26,429.64萬元、生態保護項目22,312.5萬元、基礎設施項目124,587萬元），項目建設期發債利息5,287.1萬元，債券發行費用163.2萬元。

資金籌措：本項目總投資為303,101.85萬元，項目建設期為3年。項目資金主要由瀘縣財政資本金和發行專項債券籌集，其中瀘縣財政資本金139,901.85萬元，佔總投資的46.61%；發行專項債券融資163,200萬元，佔總投資的53.84%。

該項目2018年已實際發行1批次共計50,000萬元，截至2019年6月3日，已實際發行3批次共計44,600萬元。

五、項目收益與融資平衡情況

本項目收入包括出讓土地指標收入394,598.7萬元、交通道路廣告費收入325萬元、污水處理廠收入1,375.43萬元、區域共享垃圾壓縮中轉站收入3,066萬元。

本項目主要營運成本為債券發行期財務費用和經營期管理費用，共計40,231.45萬元。

在項目營運期結束時，項目累計資金流入702,466.98萬元，累計資

金流出 500,783.90 萬元，累計現金結餘 208,997.58 萬元，截至專項債券 163,200 萬元到期時，償還當年到期的債券本息後，將仍有 208,997.58 萬元的累計資金結餘，募集資金的覆蓋率為 2.45 倍。

六、獨立第三方專業機構評估意見

本項目由四川固勤彥希會計師事務所有限公司出具財務評估報告（川固勤財評字〔2018〕第 8-003 號）。報告從該項目的債務償還期現金流、發行項目盈利能力、償債能力和可持續性評價、財務風險、資金的充足性和穩定性等方面進行了評估，經評估認為該項目資金覆蓋率可達到 2.45 倍，並在營運期內各年度都有資金結餘，不存在資金缺口。

本項目由泰和泰律師事務所出具法律意見書〔2018 泰律意字（瀘縣）第 2894 號〕。該所認為：申請項目的實施主體為瀘縣人民政府、政府機關及行業主管部門，實施主體為合法有效存續的主體，具備主體資格；申報項目已取得項目所必要的可研批復、立項批復、環評批復或備案、用地批復等主管部門的批復、核准文件；如財務評估報告所述，申報項目具有穩定的預期償債資金來源，能夠實現項目收益與融資的平衡；為本次申報提供服務的諮詢公司具備諮詢資質，提供服務的會計師事務所、律師事務所均具備從業資格。

案例總結：

一、項目背景

1. 符合國家重大戰略規劃

習近平總書記於 2017 年 10 月 18 日在黨的十九大上提出「鄉村振興

戰略」。2018年7月8日，習近平總書記進一步指出：要堅持鄉村全面振興，抓重點、補短板、強弱項，推動農業全面升級、農村全面進步、農民全面發展。2018年1月2日，中共中央國務院發布了2018年中央一號文件，即《中共中央 國務院關於實施鄉村振興戰略的意見》。2018年9月26日，中共中央、國務院印發了《鄉村振興戰略規劃（2018—2022年）》。

2. 符合省/市/縣戰略規劃

2018年9月9日，四川省人民政府發布《四川省鄉村振興戰略規劃（2018—2022年）》。規劃指出：要堅持農業農村優先發展，始終把「三農」工作作為全省工作的重中之重，在幹部配備上優先考慮、要素配置上優先滿足、資金投入上優先保障、公共服務優先安排，加快補齊農業農村短板。

項目符合瀘縣專項規劃，瀘縣是全國不動產統一登記試點縣、全國農村宅基地制度改革試點縣、全國知識產權強縣工程試點縣、全國城鄉地籍信息整合試點縣、全國法制示範縣建設試點縣，以及全省城鄉交通運輸一體化、增加農民財產性收入改革試點縣等，具有先行先試和探索創新的政策環境優勢。

二、滿足公益性要求

瀘縣鄉村振興項目實施後，在取得顯著經濟效益、社會效益的同時，必將產生巨大的環境效益。通過公共服務設施建設、垃圾收集處理升級、鄉鎮污水集中處理等措施，有效解決農村環境脆弱的現狀，優化農村居住環境和生活環境，達到村容村貌乾淨、衛生、整潔、美麗，農業面源污染將大大減少。通過宅基地制度改革，農村宅基地有償退出、土地復

墾整理、種植業的發展等措施，將有效減輕自然災害危害，提高綠化覆蓋率，促進生態環境的良性循環，實現農村社會經濟和生態環境協調發展。

三、收益覆蓋債券本息

經會計師事務所出具的財務評估報告可以得知，本項目實施後項目收益能夠覆蓋債券本息。

綜上分析：四川省瀘縣鄉村振興示範項目符合全面推進鄉村振興戰略要求，項目建設條件好，具有可觀的經濟效益和良好的社會效益。前期工作充分，設計方案合理，項目已經開工建設。項目收益穩定，可以償付債券本息，具備發行收益與融資自求平衡專項債券的條件。

四川省瀘州市瀘縣鄉村振興二期推進全域鄉村振興項目

2019年6月3日，四川省公開發行2019年四川省鄉村振興專項債券（九期）—2019年四川省政府專項債券（八十五期），發行額1億元，發行期限20年，票面利率3.9%。本項目發行的信息披露整理如下：

一、項目參與主體情況

實施單位：瀘縣人民政府

項目業主：瀘縣農業農村局、瀘縣交通運輸局、瀘縣綜合行政執法局、瀘縣水務局、瀘縣住房和城鄉建設局

二、項目建設內容

本項目一共包括18個子項目，項目內容包括：瀘縣百和鎮千畝白芷

產業園基地項目、瀘縣畜禽糞污資源化處理中心建設項目、枳實枳殼國家 GAP 種植基地建設項目、瀘州隆慶寨田園綜合體項目、瀘縣農村人居環境整治項目（一期）、瀘州市病死動物及餐廚垃圾協同無害化收集處理項目、瀘縣北部田園綜合體建設項目、瀘縣奇峰至雲錦公路改造項目、瀘縣海潮至潮河公路工程、瀘縣白鶴林自然保護區旅遊公路工程（牛灘鎮至方洞鎮）、瀘縣農村公路及橋樑建設工程、瀘縣城鄉垃圾終端處理中心建設項目、瀘縣農村聚居點污水治理設施建設項目、瀘縣飲水安全鞏固提升工程、瀘縣 2019 年灌溉水源保障工程、瀘縣江河生態修復治理工程、瀘縣玉龍湖濕地公園工程、瀘縣全域傳統村落保護項目。

三、經濟社會效益

經濟效益：農業系統規劃項目涉及中草藥的種植、農村人居環境的改善、農業綜合體的建設、有機肥料的生產等，上述項目的實施將直接帶動相關農業產業的發展，促進有關地域農業產業升級。同時，也有利於改善農村交通狀況和基礎設施，促進瀘縣旅遊業的產品品牌建設，加速對外開放和經濟發展，增加周邊區域收入，具有重大的直接經濟效益。

社會效益：農村基礎設施建設相關項目、飲水安全和灌溉保障有關項目、農村污染治理有關項目都將對農村的生產生活產生重要影響，增加廣大農民的獲得感和幸福感，有利於鄉村振興全面深化。

四、投資估算及資金籌措方案

投資估算：本項目總投資為 669,120.42 萬元，其中建設投資 641,023.36 萬元，占總投資的 95.80%；建設期債券利息 25,000.00 萬元，占總投資的 3.74%；發行費用 250.00 萬元，占總投資的 0.04%。

資金籌措：本項目資金籌措總額為 669,120.42 萬元。其中，業主自有資金 419,120.42 萬元，占比 62.64%；計劃發行專項債券融資 250,000.00 萬元，占項目資金籌措總額的 37.36%。

五、項目收益與融資平衡情況

本項目收入來源於白芷生態種植及深加工開發項目收入、畜禽糞污資源化處理項目收入、枳實枳殼國家 GAP 種植基地項目收入、隆慶寨田園綜合體項目收入、病死動物及餐廚垃圾協同無害化收集處理項目收入、城鄉垃圾終端處理中心建設項目收入以及聚居點污水治理設施建設項目收入，須期收入合計 931,760.54 萬元。

本項目專項債券利息共計 200,000.00 萬元，其中計入建設期利息累計 25,000.00 萬元，計入經營期成本累計 175,000.00 萬元。

本項目營運期內累計現金流入 1,600,880.95 萬元，累計現金流出 1,467,701.55 萬元，累計現金結餘 133,179.40 萬元。

本項目全部 250,000.00 萬元專項債到期時，在償還當年到期的債券本息後，期間將不存在任何資金缺口。債券存續期內，債券本息的項目收入覆蓋率為 1.93 倍，收益覆蓋率為 1.24 倍。

六、獨立第三方專業機構評估意見

本項目由中勤萬信會計師事務所（特殊普通合夥）四川分所出具財務評估報告（勤信川咨字〔2019〕第 0018 號）。該所認為，在對項目收益預測所依據的各項假設前提下，本次評價項目對應的預期政府性基金收入能夠合理保障償還融資本金和利息，實現項目與融資自求平衡。

本項目由四川英特信律師事務所出具法律意見書（英律服專〔2019〕

第 0034 號）。該所認為：本期債券對應項目建設單位依法設立，有效存續，具備主體資格。本期債券對應項目及各子項目已獲得可行性研究報告批復、立項批復、政府主管部門有關環境評價、用地預審及項目選址意見的審批文件或情況說明文件。在建項目無違法違規情況，項目實施主體後續應當按照相關法律法規的規定，依法對未辦理《建設用地規劃許可證》《建設工程規劃許可證》《建築工程施工許可證》等建設審批文件的子項目進行完善，合法合規建設。本期債券對應項目具有一定公益性，符合《關於試點發展項目收益與融資自求平衡的地方政府專項債券品種的通知》（財預〔2017〕89 號）關於「積極探索在有一定收益的公益性事業領域分類發行專項債券」的工作安排。根據財務評估報告，本次發行也符合項目收益專項債券對項目融資與收益自求平衡的要求，本次發行具有可能發生的市場風險及項目實際建設過程中可能發生的工程風險，若建設單位嚴格執行《實施方案》中所提風險控制措施及風險處置措施，上述風險基本可控，對項目實施影響較小。本次發行的仲介服務機構均為依法成立並有效存續的主體，具有為本期債券發行提供相關諮詢以及出具相應文書的資質，簽字會計師和律師均具有相應的從業資格。

案例總結：

一、項目背景

1. 符合國家重大戰略規劃

習近平總書記於 2017 年 10 月 18 日在黨的十九大報告中首次提出了「鄉村振興戰略」，指出要堅持農業農村優先發展，按照產業興旺、生態宜

居、鄉風文明、治理有效、生活富裕的總要求，建立健全城鄉融合發展體制機制和政策體系，加快推進農業農村現代化。2018年1月2日，中共中央、國務院發布了2018年中央一號文件，即《中共中央國務院關於實施鄉村振興戰略的意見》，要求引導更多金融資源支持鄉村振興。同年9月2日，中共中央、國務院又印發了《鄉村振興戰略規劃（2018—2022年）》。

2. 符合省/市/縣戰略規劃

2018年1月22日，四川省委、省政府發布了《關於實施鄉村振興戰略開創新時代「三農」全面發展新局面的意見》，要求到2020年鄉村振興取得重要進展，實施鄉村振興戰略的工作格局基本形成，初步構建城鄉融合發展的體制機制和政策體系。

瀘州市委、市政府高度重視鄉村振興工作，專門委託中國社會科學院城市發展與環境研究所編製瀘州市鄉村振興戰略規劃，以確保有序推動該戰略的實施。計劃到2020年，瀘州市全面完成幸福美麗新村建設，農村居民人均可支配收入持續增加，做到「貧困縣全部摘帽，貧困村全部退出，貧困戶全部脫貧，農民生活達到小康水準」。

二、滿足公益性要求

全面深化鄉村振興工作，對於加快轉變經濟發展方式，構建社會主義和諧社會，具有重大意義。瀘縣在全國首支鄉村振興專項債券資金逐步落地，並取得實效的基礎上，抓住時機，勇於創新，通過續發二期鄉村振興專項債券來推動全域鄉村振興的實現，並將宅基地改革取得的經驗和鄉村振興戰略的實施結合，在有效提升本地農業、農村發展水準，增加農民獲得感的同時，對整個四川省乃至更大範圍內都將起到帶動作用。

三、收益覆蓋債券本息

經會計師事務所出具的財務評估報告可以得知，本項目實施後項目收益能夠覆蓋債券本息。

綜上分析：四川省瀘州市瀘縣鄉村振興二期推進全域鄉村振興項目符合國家鄉村振興發展的要求，項目建設條件好，具有可觀的經濟效益和良好的社會效益。前期工作充分，設計方案合理，項目已經開工建設。項目收益穩定，可以償付債券本息，具備發行收益與融資自求平衡專項債券的條件。

四川省眉山市東坡區鄉村振興示範項目暨「中國泡菜城」農業產業提升項目專項債券

2019年1月29日，四川省公開發行2019年四川省眉山市東坡區鄉村振興示範項目專項債券（一期）—2019年四川省政府專項債券（十五期），發行額0.4億元，發行期限7年，票面利率3.32%。本項目2018年10月25日已發行0.7億元，本次發行為續發行。本項目發行的信息披露整理如下：

一、項目參與主體情況

實施機構：眉山「中國泡菜城」管理委員會
項目業主：眉山市東坡區岷江國有資產投資經營有限責任公司

二、項目建設內容

本項目建設地址位於四川省眉山市東坡區「中國泡菜城」，種植基地涉及崇禮鎮、永壽鎮2個主要鄉鎮。本項目總用地面積為50,437.90畝，

主要建設內容包括現代種苗繁育示範種植基地、標準化原料種植示範基地、泡菜農耕文化體驗基地、農產品質量檢驗檢測中心、桔梗綜合利用加工廠房、農產品交易展示中心和配套設施建設。

三、經濟社會效益

經濟效益：項目通過整合現有農業資源，實現連片種植、集中管理，並引進科學的農業管理技術，實現農作物產量不降低的情況下品質的大幅提升。項目依託「中國泡菜城」開發休閒農業的業務模式，可吸引遊客二次消費。項目建成後將直接帶動就業人數683人，增加當地貧困戶的經濟收入。

社會效益：本項目的建成將極大地帶動周邊農村以地方特色農業產業提升發展水準，使當地農民享受到鄉村振興戰略帶給他們的紅利。同時通過充分合理利用資源和能源，實現農業綜合開發符合生態演變規律，促進區域生態環境良性發展。

四、投資估算及資金籌措方案

投資估算：項目總投資73,294.26萬元，其中建設投資68,269.26萬元，占總投資的93.14%；建設期利息2,450萬元，占總投資3.34%；債券發行費用50萬元，占總投資的0.07%；鋪底流動資金2,525萬元，占總投資的3.45%。

資金籌措：項目資本金23,294.26萬元，占總投資的31.78%，其中已經到位16,200萬元，其他資本金已經納入本級財政預算安排。項目擬於2018年發行專項債券融資50,000元，占總投資的比例為68.22%。

該項目2018年已實際發行1批次共計7,000萬元，截至2019年6月

3日，已實際發行2批次共計14,000萬元。

五、項目收益與融資平衡情況

項目收入主要來源於農耕體驗收入、農產品銷售收入、交易中心租金收入、會展收入、會議中心出租收入、交易服務費收入和停車位收入。項目收入的測算依據均為當前市場價格。計算期內項目累計產生的營業收入為183,442.38萬元。

本項目財務費用按照發行專項債券融資50,000.00萬元、利率4.9%進行測算，營運期融資費用共計14,700.00元，營運期總成本為120,022.91萬元。

本項目全部50,000.00萬元專項債到期時，在償還當年到期的債券本息後，累計現金結餘10,833.28萬元，期間將不存在任何資金缺口，債券本息的收入覆蓋率達到2.73倍。

六、獨立第三方專業機構評估意見

本項目由四川眾信會計師事務所有限公司出具財務評估報告（川眾信專字〔2018〕第0813號）。報告認為，在項目收益預測所依據的各項假設前提下，本次評價的項目預期收益能夠合理保障償還融資本金和利息，實現項目收益與融資自求平衡。經測算，當銷售價格比預測下降10%時，可用於資金平衡的相關收益為69,135.13萬元。由以上分析可見，本項目具有較強的抗風險能力。

本項目由泰和泰律師事務所出具法律意見書〔2018泰律意字（東坡區）第2117號〕。該所認為：申報項目實施機構泡菜城管委會為有效存續的事業單位法人，具有獨立的法律主體資格。申報項目業主岷江國投是有效存續的國有公司，具有獨立的法律主體資格。申報項目已取得了

必要的可研（代立項）批復、用地批復、環評批復等批復備案文件，並且已納入第一批國家現代農業產業園創建名單，後續應該按照法律、法規及規範性文件的相關規定辦理包括國有土地使用權等在內的相關手續。如財務評估報告所述，項目符合項目收益專項債券對項目融資與收益自求平衡的要求。為本次申報提供服務的諮詢公司具備諮詢資質，提供服務的會計師事務所、律師事務所均具備從業資格。本次申報項目尚待按照法律、法規及規範性文件的規定辦理債券發行相關手續。

案例總結：

一、項目背景

1. 符合國家重大戰略規劃

習近平總書記於 2017 年 10 月 18 日在黨的十九大上提出「鄉村振興戰略」。2018 年 7 月 8 日，習近平總書記進一步指出：要堅持鄉村全面振興，抓重點、補短板、強弱項，推動農業全面升級、農村全面進步、農民全面發展。2018 年 1 月 2 日，中共中央、國務院發布了 2018 年中央一號文件，即《中共中央國務院關於實施鄉村振興戰略的意見》。同年 9 月 2 日，中共中央、國務院又印發了《鄉村振興戰略規劃（2018—2022 年）》。

2. 符合省/市/縣戰略規劃

2018 年 9 月 9 日，四川省人民政府發布《四川省鄉村振興戰略規劃（2018—2022 年）》，指出要堅持農業農村優先發展，始終把「三農」工作作為全省工作重中之重，在幹部配備上優先考慮、要素配置上優先滿足、資金投入上優先保障、公共服務優先安排，加快補齊農業農村短板。

眉山市東坡區被列入第一批國家現代農業產業園創建名單，項目符

合《眉山市東坡區國民經濟和社會發展第十三個五年規劃綱要》要求。2018 年 12 月，《國務院辦公廳關於對國務院第五次大督查發現的典型經驗做法給予表揚的通報》（國辦發〔2018〕第 108 號文）明確提出「四川眉山突出地方特色，推進鄉村振興」。根據《眉山市東坡區國家現代農業產業園建設規劃（2017—2020 年）》，到 2020 年，初步構築形成園區發展新的動力結構、產業結構、要素結構，形成農民收入增長新機制。

二、滿足公益性要求

四川省眉山市鄉村振興示範項目暨「中國泡菜城」農業產業提升項目聚焦鄉村振興和農業產業提升，經濟效益與社會效益顯著，能夠有效帶動周邊農村、農業的發展，具有較好的公益性。

三、收益覆蓋債券本息

經會計師事務所出具的財務評估報告可以得知，本項目實施後項目收益能夠覆蓋債券本息。

綜上分析：四川省眉山市鄉村振興示範項目暨「中國泡菜城」農業產業提升項目聚焦鄉村振興和農業產業提升，項目建設條件成熟，具有可觀的經濟效益和良好的社會效益。前期工作充分，設計方案合理，經濟效益與社會效益顯著，能夠有效帶動周邊農村、農業的發展。項目業主方自籌資金能力強，項目資本金比例達到 31.78%，項目營運期間現金流穩定，可以滿足還本付息的資金要求，具備發行收益與融資自求平衡專項債券的條件。

第五節　城鄉基礎設施建設項目案例

四川省樂山市樂山農貿市場城鄉基礎設施項目專項債券

2019 年 3 月 25 日，四川省公開發行 2019 年四川省城鄉基礎設施建設專項債券（四期）—2019 年四川省政府專項債券（三十五期），發行額 12.41 億元，發行期限 7 年，票面利率 3.41%。其中本項目發行 1.06 億元，本項目發行的信息披露整理如下：

一、項目參與主體情況

實施機構：樂山市住房和城鄉規劃建設局
項目業主：樂山市城市資源開發利用有限公司

二、項目建設內容

樂山農貿市場城鄉基礎設施項目包括順城農貿市場、順江農貿市場、青江四期農貿市場、蟠龍農貿市場、嘉興路農貿市場、慧園街農貿市場、大田農貿市場、文星後街農貿市場、人民西路農貿市場、岷河農貿市場、鳳凰北路農貿市場共 11 個農貿市場的建設改造。

三、經濟社會效益

經濟效益：項目的建設有利於提升項目所在區域經濟，解決農副產品「買難、賣難」問題，可以推動當地的農業產業化和農產品流通現代化，既能深化流通體制改革，又能為農產品市場的繁榮與穩定發揮作用。

社會效益：本項目通過強化市場管理，規範流通秩序，保障居民的

基本生活供給，確保人民群眾可以買到安全衛生的農產品；也能有效改善和協調人居環境，促進城市規劃的實施，有助於樂山市創建全國文明城市和國家衛生城市。

四、投資估算及資金籌措方案

投資估算：本項目總投資為53,929.50萬元，其中，工程費用31,991.23萬元，占59.32%；工程建設其他費用17,039.49萬元，占31.60%；預備費3,411.28萬元，占6.33%；建設期利息1,462.50萬元，占2.71%；發行費用25.00萬元，占0.05%。

資金籌措：本項目總投資為53,929.50萬元，項目建設期為2年。項目資金主要由樂山市財政資本金和發行專項債券籌集，其中樂山財政資本金28,929.50萬元，占總投資的53.64%；發行專項債券融資25,000萬元，占總投資的46.36%。

五、項目收益與融資平衡情況

本項目收入來源於農貿市場攤位、商業的出租收入以及停車場出租收入，預計實現營業收入總計53,723.43萬元。

本項目經營成本4,725.83萬元，折舊費17,931.56萬元，財務費用6,412.50萬元，總成本費用29,069.89萬元。

在項目營運期結束時，項目累計資金流入113,025.27萬元，累計資金流出102,045.63萬元，累計現金結餘10,979.64萬元。本項目全部25,000萬元專項債到期時，在償還當年到期的債券本息後，將仍有10,979.64萬元的累計現金結餘，對債券本息的覆蓋率為1.29倍。

六、獨立第三方專業機構評估意見

本項目由四川眾信會計師事務所出具財務評估報告（川眾信專字〔2018〕第 1304 號）。評估報告認為，本次融資項目收益為經營產生的現金淨流入，建設期需支付的資金利息由項目建設金支付，項目建設金包含項目資本金和融資資金，通過對營運情況的估算，預期項目收益償還融資本金和利息情況為：本期債券募集資金投資項目自債券存續期第 3 年開始營運，於 2027 年歸還本息，本息覆蓋率為 1.29，還款倍數為 1.64（收入/債券還本付息總額）。

本項目由北京盈科（合肥）律師事務所出具法律意見書（〔2018〕盈合肥非訴字第 HF3722-4 號）。該意見書認為：申請項目具備申請入庫的條件，但尚需取得發行的省級人民政府批准及向財政部備案；項目業主單位為合法設立及有效存續的主體，項目已取得立項、規劃、政府等必備的批准文件，具備建設實施的許可手續；申請項目存在相關法律風險，但均可設置風險防範措施，不構成實質性障礙。

案例總結：

一、項目背景

1. 符合國家重大戰略規劃

2015 年國務院印發《國務院辦公廳關於加快推進重要產品追溯體系建設的意見》，要求各地區和有關部門，積極應用現代信息技術，推動農產品批發市場、集貿市場、菜市場等集中交易場所，建設食用農產品質量安全程度溯體系；國務院又於 2016 年印發《國務院辦公廳關於進一步

擴大旅遊文化體育健康養老教育培訓等領域消費的意見》，要求開展加快內貿流通創新、擴大消費專項行動，加大對農產品批發市場、農貿市場、社區菜場、農村物流設施等公益性較強的流通設施的支持力度；2017年印發《「菜籃子」市長負責制考核辦法》，強化「菜籃子」市長負責制，全面加強「菜籃子」民生工程建設，既明確了地方政府在這項工程上的主體責任，也體現了國家對「菜籃子」惠民工程的重視程度。

2. 符合省/市/縣戰略規劃

為全面加強「菜籃子」工程建設，四川省人民政府於2017年印發《四川省「菜籃子」市長負責制考核辦法》，考核內容包括「菜籃子」產品生產能力、市場流通能力、質量安全監管能力、調控保障能力4個方面。

《四川省國民經濟和社會發展第十三個五年規劃綱要》也提出要加大財政對民生領域的支出，打造和諧宜居、富有活力的現代化城市，科學規劃城市空間佈局，提高城市規劃建設水準和空間利用效率，完善公共服務體系，全面提高人民生活水準。

樂山市於2018年發布了《樂山市中心城區農貿市場專項規劃》，確定了建設控制指標，按城市總體規劃所確定的居住區分區情況，中心農貿市場達到中心城區全覆蓋。

二、滿足公益性要求

項目實施後，可保障居民的基本生活供給，確保人民群眾可以買到安全衛生的農產品。本項目的農貿市場主要以蔬菜、肉製品、禽、蛋、乾雜製品等農產品交易為主。在統一的市場管理模式下，可有效杜絕劣質、變質、假冒產品行為，保障市場流通有序、安全經營，為周邊廣大

市民提供一個安全穩定的農產品購物場所。農貿市場是一個城市最重要的公共基礎設施之一，也是城市文明形象的重要窗口。隨著經濟的發展和人口的增加，農貿市場建設與環境保護、交通、居民生活環境等方面的矛盾越來越尖銳。改造舊城區、合理佈局和調整城市農貿市場，已成為新一輪城市建設總體規劃的重點內容。本項目建設有利於改善和協調樂山市的人居環境，促進城市的總體規劃實施。

三、收益覆蓋債券本息

經會計師事務所出具的財務評估報告可以得知，本項目實施後項目收益能夠覆蓋債券本息。

綜上分析：四川省樂山市樂山農貿市場城鄉基礎設施項目符合全面推進城鄉基礎設施建設戰略要求，項目的實施，能夠有效改善城區農貿市場的建設情況，提供更加完善的城市基礎設施服務。項目建設條件成熟，具有穩定的經濟效益和良好的社會效益，且具有顯著的公益性。項目前期工作充分，設計方案合理，且已經開工建設。項目收益穩定，可以償付債券存續期間的債券本息，具備發行項目收益與融資自求平衡專項債券的條件。

四川省內江市創建國家衛生城市暨城區農貿市場提升改造及市政基礎設施配套建設項目專項債券

2019年5月6日，四川省公開發行2019年四川省城鄉基礎設施建設專項債券（六期）—2019年四川省政府專項債券（五十六期），發行額28.31億元，發行期限7年，票面利率3.76%。其中，內江市創建國家衛生城市暨城區農貿市場提升改造及市政基礎設施配套建設項目發行0.1億元。本項目發行的信息披露整理如下：

一、項目參與主體情況

實施機構：內江市市中區商務局

項目業主：內江市市中區商務局

二、項目建設內容

項目包括對白馬農貿市場、新民巷農貿市場、新菜市場便民交易點、民族路農貿市場、廣場路農貿市場、和平村農貿市場、臨江麗景標準化農貿市場、邱家嘴農貿市場、桂湖街農貿市場這 9 個農貿市場的改造提升和市政基礎設施配套建設。

三、經濟社會效益

經濟效益：項目的建設有利於提升項目所在區域經濟。項目的實施，解決了農副產品「買難、賣難」問題，也推動了當地的農業產業化和農產品流通現代化，既是深化流通體制改革，又為農產品市場的繁榮與穩定發揮作用。

社會效益：本項目通過強化市場管理，規範流通秩序，保障居民的基本生活供給，確保人民群眾可以買到安全衛生的農產品；也能有效改善和協調人居環境，促進城市規劃的實施，有助於內江市創建國家衛生城市。

四、投資估算及資金籌措方案

投資估算：本項目總投資為 10,873.98 萬元，其中工程費用 8,852.30 萬元，工程建設其他費用 1,247.28 萬元，預備費 598.14 萬元，

建設期利息 168.75 萬元，發行費用 7.50 萬元。

資金籌措：本項目總投資為 10,873.98 萬元，其中資本金 3,373.98 萬元，占總投資的 31.03%。資本金來源於財政預算資金、上級和本級政府專項資金。本項目計劃在 2019 年發行 7 年期專項債券融資 7,500.00 萬元，占總投資的 68.97%。

五、項目收益與融資平衡情況

本項目收入主要來源於農貿市場攤位出租和部分出售收入，以及配套停車位停車費收入。

本項目經營成本 1,572.30 萬元，折舊費 2,658.54 萬元，財務費用 2,193.75 萬元，總成本費用 6,424.59 萬元。

本項目計算期內累計資金流入 30,814.76 萬元，累計資金流出 27,668.51 萬元，累計現金結餘 3,146.25 萬元。本項目全部 7,500 萬元專項債到期時，在償還當年到期的債券本息後，將仍有 3,146.25 萬元的累計現金結餘，期間將不存在任何資金缺口。

六、獨立第三方專業機構評估意見

本項目由四川眾信會計師事務所有限責任公司出具財務評估報告（川眾信專字〔2018〕第 1313 號）。報告認為，依據當前的市場狀況及數據，對未來收益及現金流進行預測，存在較大的不確定性。在諸多不確定的因素中，未來桂湖街農貿市場部分攤位出售的價格變動對本項目影響最為重要。本著保守性原則，下面對攤位銷售收入向下波動進行敏感性分析。經測算，當攤位銷售收入預測下降 10% 時，可用於資金平衡的項目收益為 12,071.40 萬元，對債券本息的覆蓋率下降為 1.22 倍。當攤

位銷售收入預測下降 20% 時，可用於資金平衡的項目收益為 11,240.74 萬元，對債券本息的覆蓋率下降為 1.14 倍。由以上分析可見，本項目具有較強的抗風險能力。

本項目由泰和泰律師事務所出具法律意見書〔〔2018〕泰律意字（內江市市中區）第 3724 號〕。該所認為：項目業主、項目實施機構為商務局，商務局是依法設立的機關法人且有效存續，具有獨立的法律主體資格；本申報項目內容為國家政策、法規所鼓勵的民生項目，具有公益性；本申報項目已取得了必要的可研（代立項）批復、用地批復等項目前期批復、核准文件，可開展項目建設前期工作，項目尚待取得環評批復、用地手續、規劃許可證、工程規劃許可證、施工許可證等建設手續後方可開工建設；如《財務評估報告》所述，項目符合項目收益專項債券對項目融資與收益要求達到平衡的要求；為本次申報提供服務的會計事務所、律師事務所均具備從業資格。

案例總結：

一、項目背景

1. 符合國家重大戰略規劃

2015 年國務院印發《國務院辦公廳關於加快推進重要產品追溯體系建設的意見》，要求各地區和有關部門，積極應用現代信息技術，推動農產品批發市場、集貿市場、菜市場等集中交易場所，建設食用農產品質量安全全程追溯體系；國務院又於 2016 年印發《國務院辦公廳關於進一步擴大旅遊文化體育健康養老教育培訓等領域消費的意見》，要求加大對農產品批發市場、農貿市場、社區菜場、農村物流設施等公益性較強的

流通設施的支持力度；2017 年印發《「菜籃子」市長負責制考核辦法》，強化「菜籃子」市長負責制，全面加強「菜籃子」民生工程建設。

2018 年商務部印發《商務部關於加快城鄉便民消費服務中心建設的指導意見》，明確指出要以保障和改善民生、增進人民福祉為出發點和落腳點，以保障城鄉居民基本服務供給為重點，著力圍繞人民群眾最關心最直接最現實的服務需求，提供安全、便捷、實惠、綠色的大眾化服務，支持居民生活服務業集聚發展。

2. 符合省/市/縣戰略規劃

為全面加強「菜籃子」工程建設，四川省人民政府於 2017 年印發《四川省「菜籃子」市長負責制考核辦法》。

《四川省國民經濟和社會發展第十三個五年規劃綱要》也提出要加大財政對民生領域支出，打造和諧宜居、富有活力的現代化城市。

《內江市域城鎮體系規劃和內江市城市總體規劃（2014—2030）》提出要全面提高城鎮化質量，實現資源節約、環境友好、經濟高效、社會和諧、城鄉互促共進的城鎮化。要完善城市基礎設施建設，著力培育現代服務業，大力發展現代農業，優化人居環境，整體提升整合市域資源，加強城鄉統籌力度，協調城鄉設施建設，推進城鄉一體化進程。構建完善的現代化大城市基礎設施和公共服務設施框架，滿足城市綜合功能的發揮和人民生活的需要。

為全面改善城區市容市貌和群眾生活質量，提高城市衛生管理水準和市民素質，內江市於 2018 年發布了《內江市創建國家衛生城市工作實施方案》，指出要加快推進農貿市場建設的改造提升，完成城區 24 個農貿市場的改造建設和 3 個（臨時）便民服務點市場設置任務，達到《標準化菜市場設置與管理規範》要求的農副產品規範化市場比例大於 70%

的目標。同時要實施農貿市場管理秩序專項整治行動，圍繞實現城區農貿市場「經營有序、食品安全、環境優美」目標，進一步規範農貿市場的管理，落實各方職責，確保城區農貿市場管理規範，商品劃行歸市，攤位擺放整齊，保持環境清潔衛生，無占道經營；從業人員個人衛生良好並有衛生管理部門頒發的健康證明，設有專門的衛生管理部門和蔬菜農藥現場檢測機構，適時開展監管和檢測工作；經營食品的攤位嚴格執行《食品安全法》的有關規定，亮證經營。

二、滿足公益性要求

本項目可以協調解決農貿市場供求關係矛盾，確保人民群眾吃到放心衛生的農產品，消除占道經營的交通安全隱患，促進中心城區農貿市場規範有序發展，完善農貿市場配套設施，提高農貿市場服務水準，符合國家政策和地方規劃。

三、收益覆蓋債券本息

經會計師事務所出具的財務評估報告可以得知，本項目實施後項目收益能夠覆蓋債券本息。

綜上分析：內江市創建國家衛生城市暨城區農貿市場提升改造及市政基礎設施配套建設項目符合國家戰略要求，符合四川省、內江市規劃，項目建設條件好，具有可觀的經濟效益和良好的社會效益。前期工作充分，設計方案合理。項目收益穩定，可以償付債券本息，具備發行收益與融資自求平衡專項債券的條件。

四川省自貢市老工業城市轉型升級產業配套基礎設施建設項目專項債券

2019 年 5 月 6 日，四川省公開發行 2019 年四川省城鄉基礎設施建設專項債券（七期）—2019 年四川省政府專項債券（五十七期），發行額 29.855 億元，發行期限 10 年，票面利率 3.89%，其中本項目發行額 0.95 億元。本項目發行的信息披露整理如下：

一、項目參與主體情況

主管部門：自貢高新技術產業開發區管理委員會
實施機構：自貢高新技術產業開發區管理委員會
項目業主：自貢高新技術產業開發區管理委員會、自貢高新國有資本投資營運集團有限公司

二、項目建設內容

本項目主要建設內容一共包括 6 個子項目：產業配套基礎設施項目、南湖生態城緯三路道路工程、園區經一路道路工程項目、高新區土石方平場工程項目、自貢市匯東實驗學校校舍維修改造工程項目、自貢市蜀光綠盛實驗學校食堂改擴建工程項目。

三、經濟社會效益

經濟效益：本項目可強化自貢高新技術產業開發區作用，促進招商引資。涉及的高新區相關的 5 個區域，均為近年高新區招商引資的重點區域，基礎設施短板將制約項目落地的進程，也對高新區乃至自貢市的整體形象有不利影響。本項目的建設內容均與該區域的交通、教育等基

礎設施有著直接關聯，將直接促進相關片區重點招商項目的落地，並提升高新區乃至自貢市的整體形象。

社會效益：本項目有利於提升高新區整體形象。作為國家的老工業基地，自貢市存在其產業結構不合理，第三產業發展相對滯後，傳統產業所占比重過大，新興產業及高新技術產業所占的比重較小的問題。拓展高新區的發展空間，提供良好的生產經營條件，有利於吸引省內外、國內外市場主體，使自貢市加快新型工業化進程，實現產業結構的調整、優化、升級。本項目的實施，走的是集中開發的規模經營之路，從供水、道路、教育各方面提升高新區的服務能力，充分實現資源共享，方便企業運作，降低企業成本。

四、投資估算及資金籌措方案

投資估算：本項目總投資為117,598.34萬元，其中項目建設投資111,194.84萬元，項目建設期發債利息6,322.50萬元，債券發行費用81.00萬元。

資金籌措：本項目總投資為117,598.34萬元，項目建設期為3年。項目資金主要由瀘縣財政資本金和發行專項債券籌集，其中業主自有資金36,598.34萬元，占比31.12%，資金來源已經納入本級財政預算支出計劃。截至2019年1月底，已到位資金14,445.39萬元，全部為財政資金。

五、項目收益與融資平衡情況

本項目收入來源於土地出讓收入、停車費收入、一體化現代商業綜合體建築租賃收入及出售收入、丹桂大街南延線及匯南路綜合管廊入廊費收入、旅遊收入及廣告牌出租收入，合計總收入為250,482.15萬元。

本項目主要營運成本為債券發行期財務費用和經營期管理費用合計 95,997.23 萬元。

在項目營運期結束時，項目累計資金流入 368,608.57 萬元，累計資金流出 303,803.75 萬元，累計現金結餘 64,804.83 萬元。截至專項債券 81,000.00 萬元到期時，償還當年到期的債券本息後，將不存在任何資金缺口。債券存續期內，債券本息的項目收入覆蓋率為 1.92 倍，收益覆蓋率為 1.50 倍。

六、獨立第三方專業機構評估意見

本項目由中勤萬信會計師事務所（特殊普通合夥）四川分所出具財務評估報告（勤信川鑒字〔2019〕第 0001 號）。報告認為，基於財政部對地方政府發行項目收益與融資自求平衡的專項債券的要求，並根據我們對當前國內融資環境的研究，認為該項目可以以相較銀行貸款利率更優惠的融資成本完成資金籌措，為該項目提供足夠的資金支持，保證四川省自貢市老工業城市轉型升級產業配套設施建設項目順利施工。同時，項目建成後通過項目收益提供了充足、穩定的現金流入，符合項目收益與融資自求平衡的條件，充分滿足四川省自貢市老工業城市轉型升級產業配套設施建設項目專項債券還本付息要求。

本項目由英特信律師事務所出具法律意見書（英律服專〔2019〕第 0031 號）。該所認為，本期債券對應項目建設單位依法設立、有效存續，具備主體資格。本期債券對應項目及各子項目已完成可研批復及立項批復，取得政府主管部門有關環境評價、用地預審及項目選址意見的審批文件或情況說明，在建項目無違法違規情況，項目實施主體後續應當按照相關法律法規的規定，依法對未辦理《建設用地規劃許可證》《建設工

程規劃許可證》等建設審批文件的子項目進行完善，合法合規建設。本期債券對應項目具有一定公益性，符合《關於試點發展項目收益與融資自求平衡的地方政府專項債券品種的通知》（財預〔2017〕89號）關於「積極探索在有一定收益的公益性事業領域分類發行專項債券」的工作安排。根據《實施方案》和《評估報告》，本次發行符合項目收益專項債券對項目融資與收益自求平衡的要求，符合《關於試點發展項目收益與融資自求平衡的地方政府專項債券品種的通知》（財預〔2017〕89號）關於分類發行專項債券建設的項目所產生的現金流收入應當能夠完全覆蓋專項債券還本付息的規模的規定。本次發行具有一定的收益不足以償還本息的風險，若建設單位嚴格執行《實施方案》中所提風險控制措施，上述收益不足風險基本可控。本次發行的仲介服務機構均為依法成立並有效存續的主體，具有為本期債券發行提供相關諮詢以及出具相應文書的資質，簽字會計師和律師均具有相應的從業資格。

案例總結：

一、項目背景

1. 符合國家重大戰略規劃

國務院辦公廳《關於推進城區老工業區搬遷改造的指導意見》（國辦發〔2014〕9號）指出，老工業區是指依託「一五」「二五」和「三線」建設時期國家重點工業項目形成的、工業企業較為集中的城市特定區域，為中國建立獨立完整的工業體系、為老工業城市的形成發展做出了突出貢獻，目前仍是當地經濟社會發展的重要支撐。但是在長期發展過程中，城區老工業區也出現了落後產能集中、基礎設施老化、環境污染較為嚴

重、安全隱患突出、棚戶區改造任務重、困難群體較多等問題。

根據《全國老工業基地調整改造規劃（2013—2022年）》，根據國家工業佈局情況，以及1985年全國地級以上城市工業固定資產原值、工業總產值、重化工業比重、國有工業企業職工人數與就業比重、非農業人口規模等6項指標測算，全國共有老工業城市120個，分佈在27個省（區、市），其中地級城市95個，直轄市、計劃單列市、省會城市25個。四川省共有8個老工業基地，自貢市名列第一。規劃要求，以鋼鐵、有色、化工等原材料工業為主導產業的城市，要推廣應用高效、低消耗、低排放工藝技術，延伸產業鏈，重點發展各類精深加工材料，提高產品質量和資源綜合利用水準，自貢、宜昌、衡陽等重點發展精細鹽化工、磷化工等產品。

2. 符合省/市/縣戰略規劃

《四川省人民政府辦公廳關於推進老工業基地振興發展的實施意見》（川辦發〔2017〕21號）提出，到2020年，全省老工業基地在重要領域和關鍵環節改革取得重大成果，轉變經濟發展方式和結構性改革取得重大進展，經濟保持中高速增長，與全省同步實現全面建成小康社會目標。產業邁向中高端水準，自主創新和科研成果轉化能力大幅提升，經濟發展質量和效益明顯提高；新型工業化、信息化、城鎮化、農業現代化協調發展新格局基本形成；人民生活水準和質量普遍提高，城鄉居民收入增長和經濟發展同步，基本公共服務水準大幅提升。

根據中央精神和四川省委、省政府的統一安排，自貢市人民政府採取了有力行動。《自貢市國民經濟和社會發展第十三個五年規劃綱要》提出，強化自貢國家高新技術產業開發區核心引擎作用，發展壯大節能環保裝備、新材料兩大產業集群，建成區域科技產業高地、全面創新核心

示範區和產城融合示範區。加快推進老工業區調整改造、轉型發展，引導產業向園區集中。積極推進中心城區向服務經濟和新興產業轉型發展，強化服務功能和創新功能，改造提升傳統產業，形成區域現代產業集聚區。

二、滿足公益性要求

老工業基地為中國形成獨立完整的工業體系和國民經濟體系，為改革開放和現代化建設做出了歷史性重大貢獻。在新的歷史條件下，做好老工業基地調整改造工作，對於加快轉變經濟發展方式，推進新型工業化和新型城鎮化，加快形成新的增長極，構建社會主義和諧社會，具有重大意義。一是推進新型工業化和建設創新型國家的需要；二是推進新型城鎮化和區域協調發展的需要；三是構建資源節約型和環境友好型社會的需要；四是保障和改善民生的需要；五是擴大內需的需要。自貢老工業基地改造不斷取得新的成果，不僅對當地人民群眾的經濟社會生活產生積極作用，更是可以對四川整體老工業基地的改造提供更多的經驗。

三、收益覆蓋債券本息

經會計師事務所出具的財務評估報告可以得知，本項目實施後項目收益能夠覆蓋債券本息。

綜上分析：四川省自貢市老工業城市轉型升級產業配套基礎設施建設項目符合國家大政方針和省市總體規劃，符合自貢市和自貢市高新區十三五規劃方向，項目的實施對於探索老工業基地轉型發展的新辦法、新思路，提升自貢市經濟發展水準具有重要作用。項目建設條件好，具有可觀的經濟效益和良好的社會效益。前期工作充分，設計方案合理，

項目已經開工建設。項目收益穩定，可以償付債券本息，具備發行收益與融資自求平衡專項債券的條件。

第六節 工業園區建設項目案例

四川省眉山市就業安置示範區暨新材料產業綜合體建設項目專項債券

2019年5月6日，四川省公開發行四川省專項債券六十四期（工業園區專項債），發行額9.16億元，發行期限7年，票面利率3.72%，其中本項目發行1.5億元。本項目發行的信息披露整理如下：

一、項目參與主體情況

實施機構：眉山金象化工產業園區管理委員會

項目業主：眉山金象化工產業園區管理委員會

本項目創業就業集中區、創新孵化中心及安置房建設由眉山金象園區投資建設有限公司負責。

二、項目建設內容

本項目建設內容共分為三個部分：創業就業集中區、新材料產業園建設的土地平整和配套物流園區建設的土地整理。

三、經濟社會效益

經濟效益：十三五期間，園區將搶抓國家建設「一帶一路」、天府新區上升為國家戰略、成都新機場規劃建設等重大機遇，瞄準「高端產業、產業高端」，千方百計引進一批龍頭型、基地型重大產業項目，力爭招商

引資項目30個、簽約資金100億元、到位資金88億元，新引進世界500強、中國500強和民營企業500強2家以上。堅持產城融合，打造智能孵化園、物流園、生態園和平安園。項目的實施，將極大助力園區提高發展質量和效益，實現形成兩個100億產業、爭創「三百億園區」的目標。

社會效益：項目實施後，有利於美化園區環境，有利於改善項目區域環境條件，改善當地居民出行條件和生活環境，提高居民的生活水準和生活質量，同時為項目地居民提供一些短期就業崗位。項目建成後，將有利於園區招強引優，而新增的生產經營要素，又可以提供更多的就業崗位。

四、投資估算及資金籌措方案

投資估算：本項目總投資為53,284.51萬元，其中，工程費用25,540.95萬元；工程建設其他費用24,112.01萬元；預備費829.88萬元；鋪底流動資金13.29萬元；建設期利息2,761.88萬元；發行費用26.5萬元。

資金籌措：本項目總投資為53,284.51萬元，項目建設期為30個月。項目資金通過財政預算資金、上級和本級政府專項資金和發行專項債券籌集。其中，財政資本金26,784.51萬元，占總投資的50.27%；發行專項債券融資26,500萬元，占總投資的49.73%。

五、項目收益與融資平衡情況

本項目收入主要來源於土地出讓收入23,738.93萬元，創業就業集中區、創新孵化中心的出租出售和停車位、充電樁的專項收入39,569.52萬元，共計63,308.45萬元。

本項目主要營運成本為項目經營成本、折舊費用、攤銷費用、財務費用和土地出讓成本費用，合計總成本費用 18,595.39 萬元。

在項目營運期結束時，項目累計資金流入 120,549.92 萬元，累計資金流出 99,655.12 萬元，累計現金結餘 20,894.81 萬元。截至專項債券 26,500 萬元到期時，償還當年到期的債券本息後，將仍有 20,894.80 萬元的累計資金結餘，收入對債券本息的覆蓋率為 1.82 倍。

六、獨立第三方專業機構評估意見

本項目由四川新智會計師事務所有限公司出具財務評估報告（川新智會咨〔2018〕12-01-06 號）。報告認為，本次融資預期土地出讓收入及停車位、商品房出租出售等收入為 63,308.45 萬元，預期融資 26,500 萬元，應付本息 34,847.50 萬元，土地出讓及停車位、商品房出租出售收入全部用於償還融資本息，還款倍數為 1.82 倍。當出現償債困難時，本項目預期收入能夠保障融資本息償還。

依據當前的市場狀況及數據，對未來 8 年的收益及現金流進行預測存在較大的不確定性。在諸多不確定性因素中，未來銷售價格的變動對本項目影響最為重要，本著保守性原則，下面僅對銷售價格向下波動進行敏感性分析。當銷售價格及土地出讓價格均比預測下降 10%時，可用於資金平衡的相關收益為 46,898.67 萬元，本項目收益對債券本息的覆蓋率下降為 1.35 倍，本項目收入對債券本息的覆蓋率下降為 1.64 倍，能實現項目收益與融資自求平衡。

本項目由泰和泰律師事務所出具法律意見書［2018 泰律意字（眉山市）第 3736 號］。該所認為：申報項目的實施主體及項目業主眉山金象化工產業園區管理委員會為機關法人，具備作為實施單位及業主單位的

資質；安置房修建及商業開發的建設主體眉山金象投資公司為國有企業，經營範圍包括了園區投資建設、孵化園開發建設等內容，具備作為建設主體的資質；申報項目已取得項目所必要的可研（代立項）批復，安置房修建及商業開發已取得國土證、用地批復及選址意見書，環評批復正在辦理中，土地已取得四川省人民政府的土地徵收批文；本項目具有公益性，符合《財政部關於做好2018年地方政府債務管理工作的通知》（財預〔2018〕34號）文件的公益性要求；申報項目中的安置房修建及商業開發項目的建設用地存在抵押情形並已經在法律意見書中進行如實披露；如《財務評估報告》所述，申報項目具有穩定的預期償債資金來源，能夠實現項目收益與融資的平衡；為本次申報提供服務的諮詢公司具備諮詢資質，提供服務的會計師事務所、律師事務所均為具備相應資質的專業機構。

案例總結：

一、項目背景

1. 符合國家重大戰略規劃：

「十三五」時期，國家深入推進「四個全面」戰略佈局，貫徹落實創新、協調、綠色、開放、共享的發展理念，大力實施創新驅動發展戰略，加快推進「一帶一路」和長江經濟帶建設，加強成渝經濟區和成渝城市群建設。

2017年國務院發布的《「十三五」促進就業規劃》提出要大力發展新興產業新興業態，不斷拓展新興就業領域。緊緊把握全球科技革命和產業變革重大機遇，深入實施創新驅動發展戰略，不斷優化政策組合，

大力發展新一代信息技術、高端裝備、新材料、生物、新能源汽車、新能源、節能環保、數字創意等戰略性新興產業，拓展產業發展新空間，創造就業新領域。推進新產品、新服務應用示範，加快產業化進程，持續釋放吸納就業潛力。

2. 符合省/市/縣戰略規劃

四川省結合本省情況，在《四川省國民經濟和社會發展第十三個五年規劃綱要》中提出要深入實施「三大發展戰略」，全面推進經濟社會創新轉型，加快成都經濟區一體化發展和天府新區建設，培育新的發展動力和活力，千方百計擴大就業，增強公共就業服務能力，建設國家創新驅動發展先行省，實現「從經濟大省向經濟強省、從總體小康向全面小康」的「兩大跨越」。

眉山市位於國家「一帶一路」、長江經濟帶交匯點，是國家級天府新區的核心組成部分，被列入國家新型城鎮化綜合試點市和全省創新驅動發展先行區。《眉山市國民經濟和社會發展第十三個五年規劃》指出要抓住四川列入國家全面創新改革試驗區域的歷史性機遇，推動全面創新改革驅動轉型發展，推動新技術、新產業、新業態、新商業模式蓬勃發展，加快形成促進經濟增長和就業創業的新引擎。《眉山市「十三五」創新創業規劃》也提出要力爭通過五年努力，把眉山市建設成為全省創新創業要素集聚的「新高地」、創新創業生態環境的「新標杆」，在全省率先進入創新驅動發展階段，躋身全省創新型強市、經濟強市行列。

二、滿足公益性要求

根據《財政部關於做好 2018 年地方政府債務管理工作的通知》（財預〔2018〕34 號）文件關於公益性的要求，金象園區針對當地人民就業

安置問題，堅持就業優先，實施積極的就業政策，統籌推進重點群體就業：成立就業安置綜合服務試驗示範平臺，開展對貧困家庭子女、未升學初高中畢業生、農民工失業人員和轉崗職工、退役軍人的免費職業培訓，同時還將提供道路清潔及衛生養護等公益性的公共服務崗位。

三、收益覆蓋債券本息

經會計師事務所出具的財務評估報告可以得知，本項目實施後項目收益能夠覆蓋債券本息。

綜上分析：四川省眉山市就業安置示範區暨新材料產業綜合體建設項目順應了創業促進就業、新材料產業帶動就業和立體式綜合服務幫助就業的要求，項目建設條件好，具有可觀的經濟效益和良好的社會效益。前期工作充分，設計方案合理，項目已經開工建設。項目收益穩定，可以償付債券本息，具備發行收益與融資自求平衡專項債券的條件。

四川省綿陽市遊仙經濟開發區（含軍民融合產業園）項目專項債券

2019 年 1 月 19 日，四川省公開發行 2019 年四川省綿陽市遊仙經濟開發區（含科技城遊仙軍民融合產業園）專項債券（一期）—2019 年四川省政府專項債券（十六期），本次發行額 3 億元，發行期限 7 年，票面利率 3.32%。本項目發行的信息披露整理如下：

一、項目參與主體情況

實施機構：遊仙經濟開發區管理委員會

項目業主：綿陽富樂投資有限公司

綿陽遊仙軍民融合發展有限責任公司

二、項目建設內容

本項目所屬領域為科技園區建設，主要建設內容包括：拆遷安置及配套設施建設、軍民融合產業園孵化設施、軍民融合創新創業設施、土地平整及市政基礎設施建設項目，用地範圍面積11,453.26畝。

三、經濟社會效益

經濟效益：本項目建設將加快產業集群，完善產業鏈條，促進當地經濟發展；為初創軍轉民、民參軍骨幹企業提供零成本或低成本的創業孵化環境；為其配備創業所需的各種創業服務，營造富於創業精神的社會環境。

社會效益：有利於加快城市和近郊鎮、鄉村發展，形成與城區的快速交通體系，增強城市教育、衛生等公共服務的周邊輻射能力。

四、投資估算及資金籌措

投資估算：本項目投資總額781,999.74萬元。其中，工程費用474,856.70萬元，工程建設其他費用102,457.95萬元，預備費用46,588.18萬元，徵地拆遷補償費用134,046.91萬元，專項費用24,050.00萬元。

資金籌措：本項目資本金481,999.74萬元，佔總投資的61.64%，來源於政府財政預算；計劃發行專項債券300,000萬元，佔總投資的38.36%。

本項目於已2018年8月20日發行7年期專項債券100,000萬元，票面利率為4.10%，本次接續發行30,000萬元。

五、項目收益及融資平衡情況

本項目主要收入構成：園區專項收入、土地成本返還和土地收益返

還收入。其中，園區專項收入包括安置房項目收入、軍民融合產業園加速器專項收入、軍民融合產業園創新中心項目專項收入、綿陽五里梁科技創新孵化園項目收入和城市運動公園項目專項收入等，項目存續期8年，總計收入789,830.91萬元。

本項目累計營運支出193,840.54萬元，累計項目收益595,990.37萬元。本項目全部300,000萬元專項債到期時，在償還當年到期的債券本息後，將仍有232,290.37萬元的累計現金結餘，期間將不存在任何資金缺口。

六、獨立第三方專業機構評估意見

本項目由大華會計師事務所（特殊普通合夥）出具財務評估報告（大華核字〔2018〕003990號）。該所從本項目的債券規模限額、債券期限的合規性、年度償債資金、發債資金支出、項目收益與融資平衡、還本付息保障、償債資金監管要求等方面進行了綜合評價。

評價結論為：基於財政部對地方政府發行項目收益與融資自求平衡的專項債券的要求，並根據我們對項目收益預測、投資支出預測、成本預測等進行的分析評價，認為該項目在發債週期內，一方面通過債券發行能滿足項目投資營運融資需要；另一方面項目收益也能保證債券正常的還本付息需要，總體實現項目收益和融資的自求平衡。綜上，項目可以採取發行項目收益與融資自求平衡專項債券的方式完成資金籌措。

本項目由北京市忠慧律師事務所出具法律意見書。該所認為：

（1）遊仙經濟開發區管委會作為項目收益專項債實施主體符合財預〔2017〕89號文的實施主體要求。

（2）項目建設主體均系依據中國法律設立的獨立企業法人，具有相

應的民事權利能力和民事行為能力；公司依法成立，經營合法合規，依法有效存續；依據法律或經批准，可以從事園區項目建設經營、開發、綜合利用等活動。

（3）項目符合國家產業政策，依法履行行政審批手續，並承諾後續審批依法進行。

（4）項目具有公益性且有收益，符合財預〔2017〕89號文關於「積極探索在有一定收益的公益性事業領域分類發行專項債券」的領域要求；符合財預〔2018〕34號文「遊仙在重大區域發展以及鄉村振興、生態環保、保障性住房、公立醫院、公立高校、交通、水利、市政基礎設施等領域選擇符合條件的項目」的領域要求。

（5）由財政投入解決的資本金占比符合國家固定資產投資項目資本金制度；項目融資與收益能夠達到平衡，符合財預〔2017〕89號文關於「應當能夠產生持續穩定的反應為政府性基金收入或專項收入的現金流收入，且現金流收入應當能夠完全覆蓋專項債券還本付息的規模」的條件要求。

（6）項目資產獨立性基本能夠得到保障，項目收入來源合法合規，屬於財政收入。

（7）項目存在一定的收益不足以償還本息的風險，但項目收益相對穩定，項目收益不足償還風險可控。

案例總結：

一、項目背景

1. 符合國家重大戰略規劃

黨的十九大報告將軍民融合發展戰略列為國家「七大戰略」之一。2019年政府工作報告指出要加強和完善國防教育、國防動員體系建設，增強全民國防意識。深入實施軍民融合發展戰略，加快國防科技創新步伐。各級政府要大力關心支持國防和軍隊建設，深入開展「雙擁」活動，讓軍政軍民團結之樹根深葉茂、永葆常青。

2. 符合省/市/縣戰略規劃

《四川省國民經濟和社會發展第十三個五年規劃綱要》提出促進軍民深度融合發展，積極推進綿陽科技城軍民融合創新驅動集中發展區建設，以此推動成都平原經濟區領先發展。

綿陽被列為國家系統推進全面創新改革試驗先行先試地區，中央要求科技城當好西部地區創新創業「領頭羊」和軍民融合「排頭兵」，遊仙區作為科技城的核心區，擁有重大發展機遇。

二、滿足公益性要求

項目建設完工，將會改善人民生活環境，提升城鄉可持續發展能力。通過本項目實施，可助推綿陽成為中國西部最大的軍民融產業基地，形成軍民融合資源的集約高效利用，優化產業發展空間佈局，提升城市整體發展環境與質量，提高人民的幸福指數，並促進當地可持續發展，具有顯著的公益性。

三、收益覆蓋債券本息

根據本項目財務評估報告，本項目可達到的資金覆蓋率為 1.55 倍，收益能夠滿足與融資自求平衡。

綜上所述：四川省綿陽市遊仙經濟開發區（含軍民融合產業園）項目，符合國家重大戰略，是具有一定收益的公益性項目。本項目收益穩定，可以償付債券本息，具備發行項目收益與融資自求平衡專項債券的條件。

福建省莆田市產業集群項目專項債券

2019 年 3 月 26 日，福建省公開發行了 2019 年福建省（莆田市、三明市、龍岩市、寧德市）產業集群專項債券（一期）—2019 年福建省政府專項債券（七期），發行額 8.06 億元，發行期限 10 年，票面利率 3.37%。其中，福建省莆田市產業集群項目發行債券總額 2.80 億元。本項目發行的信息披露整理如下：

一、項目參與主體情況

項目業主：國投湄洲灣產業園開發有限公司
實施單位：莆田市土地儲備中心

二、項目建設內容

莆田市產業集群項目為石門澳產業園基礎設施建設，該項目一期工程陸域形成總面積為 981 萬平方米。

三、經濟社會效益

經濟效益：此次產業集群項目的建設，將有利於帶動區域內整體經濟的發展，促進莆田市、三明市、龍岩市、寧德市的產業結構的調整，推動地方產業園區建設、發展新型產業；為其他相關產業的快速發展提供了有效途徑，在地方經濟快速發展的同時，也可帶動周邊地區經濟的發展，為當地提供大量的就業機會等，帶動區域內經濟快速協調發展。

社會效益：產業集群的建設，將有利於樹立示範效應，為整個區域內的經濟發展提供良好的借鑑，帶動區域內其他相關產業的發展。同時，產業集群建設有利於加強周邊地區的基礎設施建設，改善區域內的環境水準，方便周邊居民的生活就業等，具有良好的社會效益。

四、投資估算及資金籌措方案

考慮到債券存續期內債券利息及發行費用，本項目預計總投資金額為 227,778.28 萬元。

本項目資金籌措總額 211,179.00 萬元，資金來源分為：實施單位足額籌集 166,437.00 萬元，以及通過發行 10 年期產業集群專項債券籌集 44,742.00 萬元。其中，計劃 2019 年發行期限為 10 年的產業集群專項債券 28,000.00 萬元，2020 年發行期限為 10 年的產業集群專項債券 16,742.00 萬元。

五、項目收益與融資平衡情況

該項目完成後，可實現土地出讓收入。該項目實現的可用於覆蓋債券本息的項目收益金額為 127,968.00 萬元。

參考 2019 年 2 月 22 日 10 年期國債收益率（3.145,1%），從客觀謹慎角度出發，本期及後續發行的 10 年期專項債券利率均按 3.70%，發行費率按 0.1%進行測算，由此估算債券存續期間利息費用為 16,554.54 萬元，發行費用為 44.74 萬元。該項目專項債券存續期內還本付息資金充足，債券本息資金覆蓋率可達到 2.09 倍。

六、獨立第三方專業機構評估意見

本項目由福建華興會計師事務所（特殊普通合夥）出具財務評估報告。報告認為，基於財政部對地方政府發行專項債券的要求，通過對本項目收益與融資自求平衡情況的分析，未注意到本期產業集群專項債券在存續期內出現無法滿足債券還本付息要求的情況。

本項目由上海勝康律師事務所出具法律意見書［滬勝康律債字〔2019〕第 304 號］。該所認為：發行人具備發行本期專項債券之主體資格，就本期專項債券發行獲得了相關授權或批准。發行人為本期專項債券發行編製的《信息披露文件》已披露本期債券主要發行要素，《信息披露文件》及相關發行文件在有關重大法律事項上不存在虛假記載、誤導性陳述而引起重大障礙的法律事項或潛在法律風險。本期專項債券對應的產業集群項目，符合國家相關產業政策，符合項目所在地土地利用總體規劃，現有審批手續符合法律法規的要求，且將按照法律法規持續完善後續程序，並推進開發建設工作。

案例總結：

一、項目背景

1. 符合國家重大戰略規劃

《國民經濟和社會發展第十三個五年規劃綱要》指出，提升長三角、長江中游、成渝三大城市群功能，構建中心城市帶動、中小城市支撐的網絡化、組團式格局。根據資源環境承載力，引導產業合理佈局和有序轉移，打造特色優勢產業集群，培育壯大戰略性新興產業，建設集聚度高、競爭力強、綠色低碳的現代產業走廊。加快建設國際黃金旅遊帶。培育特色農業區。

2. 符合省/市/縣戰略規劃

《福建省國民經濟和社會發展第十三個五年規劃綱要》提出，推進戰略性新興產業規模化，培育一批戰略性新興產業。實施新興產業倍增計劃，加快突破技術鏈、價值鏈和產業鏈的關鍵環節，推動新一代信息技術、新材料、新能源、節能環保、生物和新醫藥、海洋高新等產業規模化發展。

二、收益覆蓋債券本息

經會計師事務所出具的財務評估報告可以得知，本項目實施後項目收益能夠覆蓋債券本息。

綜上分析：本項目符合國家戰略要求，符合福建省發展規劃，項目建設條件好，具有可觀的經濟效益和良好的社會效益。前期工作充分，設計方案合理，收益穩定，可以償付債券本息，具備發行收益與融資自

求平衡專項債券的條件。

第七節　旅遊項目案例

四川省宣漢縣旅遊扶貧暨巴山大峽谷旅遊扶貧項目專項債券

2019年3月25日，四川省公開發行2019年四川省宣漢縣巴山大峽谷旅遊扶貧開發建設專線債券（二期）—2019年四川省政府專項債券（五十二期），發行額1.49億元，發行期限10年，票面利率3.38%。本項目發行的信息披露整理如下：

一、項目參與主體情況

實施機構：宣漢縣國有資產監督管理辦公室

項目業主：宣漢縣巴山大峽谷旅遊開發有限公司

二、項目建設內容

四川省宣漢縣旅遊扶貧暨巴山大峽谷旅遊扶貧項目包括通過遊客接待設施、旅遊景點、文旅小鎮、農林產業帶等旅遊基礎設施建設打造三個功能片區，分別是溪口湖生態旅遊觀光區、桃溪谷體驗度假區、羅盤頂養生養心區。

三、經濟社會效益

經濟效益：項目地片區綜合開發為宣漢縣開發扶貧戰略的主戰場，被列為「頭號工程」。項目地景區開發將通過四大重點片區建設，實現旅遊扶貧綜合開發，樹立國家旅遊扶貧綜合開發典範和實施鄉村振興戰略

的典範，帶動片區經濟發展，預計可為當地居民獲得年均 6 億元以上的總收入。

社會效益：為達州市、宣漢縣呈現一個精品旅遊區，形成達州和宣漢的核心品牌，提升旅遊競爭力；依託農業產業，引入避暑養生產業，拓展文化產業，延伸產業內涵，實現產業轉型提升發展；同時可以保護巴山大峽谷景區整體景觀的完整性與生態環境，提升巴山大峽谷片區整體居住環境。

四、投資估算及資金籌措方案

投資估算：本項目總投資為 437,124 萬元，其中，工程費用 232,553 萬元，占 53.20%；工程建設其他費用 57,228 萬元，占 13.09%；預備費 30,000 萬元，占 6.86%；融資利息 117,183 萬元，占 26.81%；發行費用 160 萬元，占 0.04%。

資金籌措：本項目總投資為 437,124 萬元，其中資本金 124,670 萬元，占總投資的 28.52%。資本金已投入 86,670 萬元，2019、2020 年分別投入 18,000 萬元、20,000 萬元。本項目已有融資 152,454 萬元，其中 63,575 萬元已歸還。另計劃發行專項債券融資 160,000 萬元，占總投資的 36.60%。其中，2018 年已發行 10 年期 2 批次專項債券，共計金額 4.4 億元；截至 2019 年 6 月 3 日，已發行 10 年期 3 批次專項債券，共計金額 4.09 億元。

五、項目收益與融資平衡情況

本項目收入來源於景區門票收入（桃溪谷、羅盤頂大門票收入）、獨立項目收入（桃溪谷漂流、桑樹坪親子樂園、羅盤頂空中自行車、停車

場收費、商業街鋪出租、紀念品售賣、演藝票房、演藝衍生品銷售等收入)、交通收入(索道、景區巴士與景區觀光車等收入),預計可實現總收入 1,898,518 萬元(覆蓋專項債跟其他融資,時間至 2035 年)。按專項債口徑(時間至 2030 年,不含索道票收入、桃溪谷漂流收入、羅盤頂空中自行車票收入和停車場收費等用於原有融資本息償還的項目),本項目預計可實現總收入 849,648 萬元。

本項目營運總成本 575,434 萬元,其中營業成本 254,895 萬元(參照同業上市公司,按收入的 30% 計算),營業稅金及附加 55,057 萬元,銷售費用 59,476 萬元(參照同業上市公司,按收入的 7% 計算),管理費用 127,447 萬元(參照同業上市公司,按收入的 15% 計算),財務費用 78,560 萬元,所得稅 68,554 萬元。

在項目營運期結束時,本項目全部 160,000 萬元專項債到期時,在償還當年到期的債券本息後,將仍有 49,494 萬元的累計現金結餘。期間將不存在任何資金缺口,對債券本息的覆蓋率為 1.19 倍。

六、獨立第三方專業機構評估意見

本項目由四川眾信會計師事務所出具財務評估報告(川眾信專字〔2018〕第 0805 號),認為在宣漢縣巴山大峽谷旅遊開發有限公司對項目收益預測及其所依據的各項假設前提下,本次評估的宣漢縣巴山大峽谷鄉村振興項目對應的景區經營性收入能夠合理保障償還融資本金和利息,實現項目收益與融資自求平衡。

本項目由泰和泰律師事務所出具法律意見書(〔2018〕泰律意字(宣漢縣)第 2119 號)。該所認為:本申報項目的實施主體為宣漢縣國有資產監督管理辦公室,實施主體為合法有效存續的主體,具備獨立的法

律主體資格；項目業主宣漢縣巴山大峽谷旅遊開發有限公司是依法設立並存續的國有企業，具有獨立的法律主體資格。本申報項目已取得了項目可研（代立項）批復、用地批復和環評批復等主管部門核准、批復文件，後續應該按照相關法律、法規及規範性文件的規定辦理建設施工、驗收等相關手續。申報項目的存量債券與資產受限情況已在本法律意見書中進行如實披露。如《財務評估報告》所述，申報項目符合項目收益專項債券對項目融資與收益要求達到平衡的要求。為本次申報提供服務的諮詢公司具備諮詢資質，提供服務的會計師事務所、律師事務所均具備從業資格。本次申報項目尚待按照法律、法規及規範性文件的規定辦理債券發行相關手續。

案例總結：

一、項目背景

1. 符合國家重大戰略規劃

《中共中央國務院關於實施鄉村振興戰略的意見》提出：到2020年，鄉村振興取得重要進展，制度框架和政策體系基本形成。農業綜合生產能力穩步提升，農業供給體系質量明顯提高，農村一二三產業融合發展水準進一步提升；農民增收渠道進一步拓寬，城鄉居民生活水準差距持續縮小；現行標準下農村貧困人口實現脫貧，貧困縣全部摘帽，解決區域性整體貧困；農村基礎設施建設深入推進，農村人居環境明顯改善，美麗宜居鄉村建設紮實推進；城鄉基本公共服務均等化水準進一步提高，城鄉融合發展體制機制初步建立；農村對人才吸引力逐步增強；農村生態環境明顯好轉，農業生態服務能力進一步提高；以黨組織為核心的農

村基層組織建設進一步加強，鄉村治理體系進一步完善；黨的農村工作領導體制機制進一步健全；各地區各部門推進鄉村振興的思路舉措得以確立。要堅持人與自然和諧共生：牢固樹立和踐行綠水青山就是金山銀山的理念，落實節約優先、保護優先、自然恢復為主的方針，統籌山水林田湖草系統治理，嚴守生態保護紅線，以綠色發展引領鄉村振興。要構建農村一二三產業融合發展體系：包括實施休閒農業和鄉村旅遊精品工程，建設一批設施完備、功能多樣的休閒觀光園區、森林人家、康養基地、鄉村民宿、特色小鎮，拓寬農民增收渠道，鼓勵農民勤勞守法致富，增加農村低收入者收入，擴大農村中等收入群體，促進農村勞動力轉移就業和農民增收。鄉村振興，擺脫貧困是前提。必須堅持精準扶貧、精準脫貧，把提高脫貧質量放在首位，既不降低扶貧標準，也不吊高胃口，採取更加有力的舉措、更加集中的支持、更加精細的工作，堅決打好精準脫貧這場對全面建成小康社會具有決定性意義的攻堅戰。

2. 符合省/市/縣戰略規劃

根據《四川省鄉村振興戰略規劃（2018—2022 年）》，要堅持保護與開發有機結合，打造推出一批特色鮮明、風格各異的精品文化遺產旅遊景區、景點和線路。

根據《達州市國民經濟和社會發展第十三個五年規劃綱要》，要大力實施「文旅靚市」發展戰略，突出巴山風光、巴渠文化和紅色文化，建設旅遊集聚區，構建旅遊精品線路，建成知名生態文化旅遊目的地。加快推進巴山大峽谷、八臺山—龍潭河、鐵山國家森林公園與羅家壩、城壩遺址等旅遊載體建設，加強品牌策劃營銷，打造山水生態和巴人文化價值品牌。

根據《宣漢縣國民經濟和社會發展第十三個五年規劃綱要》，要大力

實施「興工強縣、開發扶貧、全域旅遊」三大戰略，強力推進縣城和南壩、普光經濟開發區和巴山大峽谷綜合開發區「雙核雙區」發展。把巴山大峽谷綜合開發區建成國家旅遊扶貧試驗區、國家山地休閒生態旅遊度假區、國家 AAAAA 級景區，帶動北部山區發展，大力實施「全域旅遊」戰略。依託優勢旅遊資源和良好生態環境，按照「旅遊+發展模式」加快巴山大峽谷綜合開發，爭創國家全域旅遊示範區。

二、滿足公益性要求

通過對巴山大峽谷景區的開發，可以有效推動實施宣漢縣的鄉村振興戰略；通過實施休閒農業和鄉村旅遊精品工程，建設一批設施完備、功能多樣的休閒觀光園區、森林人家、康養基地、鄉村民宿、特色小鎮，拓寬農民增收渠道，鼓勵農民勤勞守法致富，增加農村低收入者收入，擴大農村中等收入群體，促進農村勞動力轉移就業和農民增收，實現精準扶貧、精準脫貧。本項目的實施可以促進宣漢縣農村一二三產業融合發展水準進一步提升；促進農民增收渠道進一步拓寬，城鄉居民生活水準差距持續縮小；促進現行標準下農村貧困人口實現脫貧，解決區域性整體貧困；促進農村基礎設施建設深入推進，農村人居環境明顯改善，美麗宜居鄉村建設紮實推進，從而有效推動宣漢縣農業產業的全面升級、農村全面進步、農民全面發展，譜寫宣漢縣新時代鄉村全面振興新篇章。此外還可以保護該地區的自然景觀不受破壞，並且利用科學的管理手段對該地區進行管理，使其動物、植物達到生態平衡，有利於該地區生態環境健康發展，避免人為破壞。

三、收益覆蓋債券本息

經會計師事務所出具的財務評估報告可以得知，本項目實施後項目

收益能夠覆蓋債券本息。

綜上分析：四川省宣漢縣旅遊扶貧暨巴山大峽谷旅遊扶貧項目符合全面推進旅遊扶貧戰略的要求，可以通過旅遊產業的發展實現脫貧工作。項目建設條件好，具有穩定的經濟效益和良好的社會效益，且具有顯著公益性。項目前期工作充分，設計方案合理，項目已經開工建設。項目收益穩定，可以償付債券本息，具備發行項目收益與融資自求平衡專項債券的條件。

四川省樂山市提升核心景區實力建設國際旅遊目的地之樂山大佛景區提質擴容項目專項債券

2019年3月25日，四川省公開發行2019年四川省文化旅遊專項債券（四期）—2018年四川省政府專項債券（四十四期），發行額8.32億元，發行期限10年，票面利率3.38%，其中本項目發行1億元。本項目發行的信息披露整理如下：

一、項目參與主體情況

實施機構：樂山大佛旅遊投資開發（集團）有限公司
項目業主：樂山大佛旅遊投資開發（集團）有限公司
　　　　　樂山大佛旅遊項目建設有限公司

二、項目建設內容

樂山大佛景區提質擴容項目包括道路基礎設施改造和新建樂山大佛景區南遊客中心兩大子項目。

三、經濟社會效益

經濟效益：本項目建設成功對當地 GDP 的拉動，對財政的直接貢獻都十分明顯，在消費、就業、旅遊產品生產等方面都會有很大的帶動作用。

社會效益：道路基礎設施改造串聯大佛景區和九峰集鎮，對展示樂山市的悠久歷史和深厚文化底蘊，提升樂山國際旅遊城市形象都將起到重要作用。在滿足遊客需求的同時，將大大提高樂山大佛風景區的服務質量和檔次，對樂山大佛風景區的發展具有明顯的提升作用。

四、投資估算及資金籌措方案

投資估算：本項目總投資為 95,749.89 萬元，其中，工程費用 69,914.69 萬元，占 73.02%；工程建設其他費用 15,320.05 萬元，占 16.00%；預備費 4,712.65 萬元，占 4.92%；建設期利息 5,737.50 萬元，占 5.99%，發行費用 65 萬元，占 0.07%。

資金籌措：本項目總投資為 95,749.89 萬元，項目建設期為 4 年。項目資金主要由樂山財政性資金和發行專項債券籌集，其中樂山財政資本金 30,749.89 萬元，占總投資的 32.11%；發行專項債券融資 65,000 萬元，占總投資的 67.89%。

五、項目收益與融資平衡情況

本項目收入來源於餐廳、商業租賃收入（面積 5,100 平方米），管理用房租賃費（面積 6,200 平方米），停車費收入（車位數量 1,140 個），遊船收入，球幕電影收入，電瓶車觀光收入，預計可實現營業收入總計

190,697.58 萬元。

本項目主要經營成本 55,270.12 萬元，折舊費 31,319.91 萬元，攤銷費 2,807.53 萬元，財務費用 23,512.50 萬元，總成本費用 112,910.06 萬元。

在項目營運期結束時，項目累計資金流入 299,089.95 萬元，累計資金流出 272,194.15 萬元，累計現金結餘 26,895.80 萬元。截至專項債券 65,000 萬元到期時，償還當年到期的債券本息後，將仍有 26,895.80 萬元的累計資金結餘，本項目收入對債券本息覆蓋率為 2.02 倍，本項目經營活動產生的淨現金流對債券本息的覆蓋率為 1.23 倍。

六、獨立第三方專業機構評估意見

本項目由中勤萬信會計師事務所安徽分所出具財務評估報告（勤信皖咨字〔2018〕第 0043 號）。報告基於財政部對地方政府發行項目收益與融資自求平衡的專項債券的要求，並根據我們對當前國內融資環境的研究，認為該項目可以以相較銀行貸款利率更優惠的融資成本完成資金籌措，為該項目提供足夠的資金支持，保證樂山市大佛景區提質擴容項目正常實施。同時，項目建成後通過項目收益提供了充足、穩定的現金流入，符合項目收益與融資自求平衡的條件，充分滿足四川省樂山市大佛景區提質擴容項目收益與融資自求平衡專項債券還本付息要求。

本項目由北京盈科（合肥）律師事務所出具法律意見書（〔2018〕盈合肥非訴字第 HF3810 號）。該所認為：申請項目具備申請入庫的條件，但尚需取得發行的省級人民政府批准及向財政部備案；項目業主單位為合法設立及有效存續的主體，項目已取得立項、規劃、省政府等必備的批准文件，具備建設實施的許可手續；申請項目存在相關法律風險，但

均可設置風險防範措施，不構成實質性障礙。

案例總結：

一、項目背景

1. 符合國家重大戰略規劃

國務院《「十三五」旅遊業發展規劃》指出要按照「五位一體」總體佈局和「四個全面」戰略佈局，牢固樹立和貫徹落實創新、協調、綠色、開放、共享發展理念，以轉型升級、提質增效為主題，以推動全域旅遊發展為主線，加快推進供給側結構性改革，努力建成全面小康型旅遊大國，將旅遊業培育成經濟轉型升級重要推動力。《規劃》要求補齊短板，加強旅遊基礎設施建設，在公共服務設施建設方面取得新突破；推進融合發展，豐富旅遊供給，形成綜合新動能，在推進「旅遊+」方面取得新突破。

2. 符合省/市/縣戰略規劃

《四川省旅遊發展規劃（2011—2025）》提出旅遊是四川最大最突出的優勢，也是四川省供給側結構性改革的重要組成部分。四川旅遊業將在五大理念引領下，建成旅遊經濟強省和世界重要旅遊目的地。《規劃》特別提到，樂山要進一步加快環峨眉山度假旅遊產品培育，提升樂山大佛景區品質，積極構建適應國際和國內旅遊市場需求的四川旅遊第二極。

《樂山市國民經濟和社會發展第十三個五年規劃綱要（2016—2020年）》提出，樂山市發展的總體戰略定位為：建設國際旅遊目的地。《綱要》中明確提出要大力發展全域旅遊，堅持「國際化」發展道路，圍繞全域資源、全面佈局、全境打造、全民參與主線，深入推進國家級旅遊

業改革創新先行區和四川省旅遊綜合改革試點市建設，以旅遊業為先導，促進全領域各行業與旅遊發展相融合，實現由景區主體型向區域綜合型轉變，加快建設國際旅遊目的地。打造山水禪意旅遊城市。加快旅遊業標準化建設和國際化進程，建立完善旅遊服務網絡，打造智慧旅遊城市。

《樂山市城市總體規劃（2011—2030）》中指出了樂山市發展總目標：把樂山市建設成為環境優美、特色鮮明、經濟發達、生活富裕、城鄉協調的循環經濟城市和生態旅遊城市。依託樂山雙遺產文化旅遊優勢，進一步完善旅遊服務設施，加快提升城市旅遊服務功能，促進全市旅遊產業全面發展。

二、滿足公益性要求

本項目的成功建設，既能滿足樂山大佛風景名勝區列入《世界遺產名錄》後，對樂山大佛風景區保護、展示、利用和管理的更高要求，同時也將進一步擴大樂山地區的旅遊產品市場，樂山大佛景區會進一步成為旅遊的歸宿目的地。

三、收益覆蓋債券本息

經會計師事務所出具的財務評估報告可以得知，本項目實施後項目收益能夠覆蓋債券本息。

綜上分析：四川省樂山市提升核心景區實力建設國際旅遊目的地之樂山大佛景區提質擴容項目符合全面推進文化旅遊戰略要求，有利於促進樂山地區建設國際旅遊目的地的需求，帶動樂山大佛地區的發展。項目建設條件好，具有穩定的經濟效益和良好的社會效益，且具有顯著的公益性。項目前期工作充分，設計方案合理，項目已經開工建設。項目

收益穩定，可以償付債券存續期間的本息，具備發行項目收益與融資自求平衡專項債券的條件。

第八節　醫院類項目案例

四川省內江市市中區醫療衛生服務能力提升項目專項債券

2019年5月6日，四川省公開發行2019年四川省醫院建設專項債券（四期）—2019年四川省政府專項債券（七十六期），發行額10.23億元，發行期限7年，票面利率3.72%，其中本項目發行0.2億元。本項目發行的信息披露整理如下：

一、項目參與主體情況

實施機構：內江市市中區衛生和計劃生育局

項目業主：內江市市中區人民醫院精神專科病區
　　　　　內江市市中區中醫醫院
　　　　　內江市市中區朝陽鎮衛生院
　　　　　內江市市中區人民醫院
　　　　　內江市市中區婦幼保健院

二、項目建設內容

項目內容包括以下5個子項目：

（1）內江市市中區人民醫院精神專科病區擴建項目；

（2）內江市市中區中醫醫院擴建項目；

（3）朝陽鎮衛生院擴建項目；

（4）人民醫院升級改造項目；

（5）婦幼保健院改造擴建項目。

三、經濟社會效益

經濟效益分析：本項目的實施，可以使得市中區醫療系統的5家主要醫院的床位數由826張增加到1,233張，門診和住院條件改善，服務能力有效提升，並加快滿足內江人民特別是市中區人民對醫療的基本需求。

社會效益分析：內江市市中區衛計局在統籌整合本地區醫療衛生資源，並對其專業性進行評估之後提出整體服務能力提升項目，這種整合既能有針對性地解決各醫院的短板，又可以系統地配置資源，能改建的改建，該擴建的擴建，做到有效利用資金，最大限度利用好現有的醫療資源，並兼顧地域佈局。本項目建成後，醫療資源的整合，服務能力的提升，將帶動內江整體生活環境、工作環境、創業環境的改善，以及市中區其他服務行業的發展。

四、投資估算及資金籌措方案

投資估算：本項目總投資26,308.93萬元，其中建設投資25,576.93萬元，占總投資的97.22%；建設期利息720.00萬元，占總投資的2.74%；債券發行費用12.00萬元，占總投資的0.05%。

資金籌措：本項目總投資26,308.93萬元，其中資本金14,308.93萬元，占總投資的54.39%。資本金來源於財政撥款，目前已撥付金額合計3,248.17萬元。另計劃發行專項債券融資12,000.00萬元，占總投資的45.61%。其中2019年擬發行債券10,000.00萬元，2020年擬發行債券2,000.00萬元。擬發行債券期限為7年期，利率按照4.5%測算，按年付

息，到期一次還本。

五、項目收益與融資平衡情況

本項目收入主要為門診業務收入、住院業務收入、因設備購置後增加的檢查等其他收入。

本項目經營成本：本項目應計債券利息共 3,780.00 萬元，其中建設期利息 720.00 萬元，經營期債券利息即財務費用共計 3,060.00 萬元。營運成本包括醫療支出、大修及檢修維護費、折舊，醫療支出主要由人員經費、藥品支出、衛材支出、其他材料支出、其他公用經費等構成，均按照相關會計準則保守測算得出。本項目土地由內江市政府無償劃撥使用，所以不考慮攤銷。項目營運期總成本合計為 172,492.61 萬元。

計算期內累計資金流入 206,870.55 萬元，累計資金流出 201,597.61 萬元，累計現金結餘 5,272.94 萬元。經測算，本項目全部 12,000.00 萬元專項債到期時，在償還當年到期的債券本息後，將仍有 5,272.94 萬元的累計現金結餘。期間將不存在任何資金缺口。債券發行期內本項目收入的本息覆蓋率為 11.44 倍，收益的本息覆蓋率為 1.29 倍。

六、獨立第三方專業機構評估意見

本項目由四川眾信會計師事務所有限公司出具財務評估報告（川眾信專字〔2018〕第 1315 號）。報告通過對營運情況的估算，預期項目收益償還融資本金和利息的情況為：本期債券募集資金投資項目自債券存續期第一年開始營運，於 2027 年歸還本息，該項目資金覆蓋率可達到 1.29 倍，並在營運期內各年度都有資金結餘，不存在資金缺口。

本項目由泰和泰律師事務所出具法律意見書〔〔2018〕泰律意字

(內江市中區）第 3728 號]。該所認為：項目實施機構內江市市中區衛生和計劃生育局是政府機關法人；項目業主單位內江市市中區人民醫院精神專科病、內江市市中區中醫醫院、內江市市中區朝陽鎮衛生院、內江市市中區人民醫院、內江市市中區婦幼保健院，均為依法設立的事業單位法人且有效存續，具有獨立的法律主體資格；申報項目均已取得項目所必要的可研批復、環評批復、規劃批復、用地批復等主管部門核准、批復文件；如《財務評估報告》所述，申報項目預期的項目收益能夠合理保障償還融資本金和利息，實現項目收益與融資的平衡；為本次申報提供服務的諮詢公司具備諮詢資質，提供服務的會計師事務所、律師事務所均具備為本申報項目出具專項評價報告從業資格。

案例總結：

一、項目背景

1. 符合國家重大戰略規劃

《國務院辦公廳關於保持基礎設施領域補短板力度的指導意見》（國辦發〔2018〕101 號）指出，補短板是深化供給側結構性改革的重點任務，要聚焦關鍵領域和薄弱環節，保持基礎設施領域補短板力度，進一步完善基礎設施和公共服務，提升基礎設施供給質量。指導意見特別提到，在社會民生領域支持教育、醫療衛生、文化、體育、養老、嬰幼兒托育等設施建設，進一步推進基本公共服務均等化。

近年來，國務院、國家衛計委陸續出抬文件，《全國醫療衛生發展規劃綱要（2015—2020）》要求，優化醫療衛生資源配置，構建與國民經濟和社會發展水準相適應、與居民健康需求相匹配、體系完整、分工明

確、功能互補、密切協作的整合型醫療衛生服務體系。

2. 符合省/市/縣戰略規劃

《四川省國民經濟和社會發展第十三個五年規劃綱要》明確提出大力推進基本公共衛生服務均等化，提高醫療服務質量和能力。加快推進區域醫療中心、綜合醫院和專科醫院建設，鼓勵社會資本舉辦各類醫療機構。健全基層醫療衛生服務體系，全面實現基層醫療衛生機構標準化。完善疾病預防控制、婦幼保健、精神衛生等公共衛生服務體系，提高重大傳染病、慢性病、地方病、職業病等防治水準。

《四川省深化醫藥衛生體制改革規劃（2017—2020年）》提出，到2020年建立健全覆蓋城鄉居民的基本醫療衛生制度，實現人人享有基本醫療衛生服務，適應人民群眾多層次、多元化醫療衛生需求。

2018年11月28日，四川省人民政府辦公廳《關於印發四川省深化醫藥衛生體制改革近期重點工作任務的通知》（川辦發〔2018〕87號）提出，要實施全民健康保障工程規劃建設，加強縣級醫院以及婦幼健康、疾病預防控制等醫療衛生機構建設。

二、滿足公益性要求

項目的建設符合《四川省「十三五」衛生計生事業發展規劃》關於醫療機構擴規模、強實力、提水準的發展方向，是非常有益的嘗試。本項目建成後，醫療資源的整合，服務能力的提升，將帶動內江整體生活環境、工作環境、創業環境的改善，相關產業會迎來進一步發展的機遇，促進區域的繁榮和發展。

三、收益覆蓋債券本息

經會計師事務所出具的財務評估報告可以得知，申報項目預期的項

目收益能夠合理保障償還融資本金和利息，實現項目收益與融資的平衡。

綜上分析：四川省內江市提升民生保障水準項目—市中區醫療衛生服務能力提升項目可以更好地滿足內江市人民對於優質醫療資源的需求，同時在醫療優質資源的均等化方面做出有益的探索，項目的實施將隨著時間的推移逐漸顯示出廣泛的社會效應和巨大的經濟效益。項目收益足以償付債券本息，具備發行收益與融資自求平衡專項債券的條件。

四川省眉山市彭山區醫院項目專項債券

2019年5月6日，四川省公開發行2019年四川省醫院建設專項債券（五期）—2019年四川省政府專項債券（七十七期），發行額6.19億元，其中彭山區醫院項目專項債券發行0.75億元，發行期限10年，利率為3.9%。本項目發行的信息披露整理如下：

一、項目參與主體情況

實施機構：眉山市彭山區衛生和計劃生育局
項目業主：眉山市彭山區人民醫院
　　　　　眉山市彭山區中醫醫院

二、項目建設內容

本項目為城市醫療衛生基礎設施建設項目，主要涉及人民醫院住院綜合樓、中醫醫院門診樓、住院業務用房、地下車庫、附屬用房、公共衛生服務中心用房。

三、經濟社會效益分析

經濟效益：項目的建設有利於提升項目所在區域經濟。本項目作為

城市醫療基礎設施建設，將解決附近居民「看病難、看病貴」的問題，同時作為配套公共服務設施，項目建成後將積聚更多的人氣和商業氛圍，從而促進區域經濟增長。

社會效益：本項目工程實施後將有利於眉山市衛生醫療資源的合理配置，大大改善彭山區的醫療服務條件和工作環境，擴大醫療服務量，完善服務功能，進一步滿足彭山區廣大人民群眾對醫療衛生服務的需求，為患者提供更好的醫療衛生服務。

四、投資估算及資金籌措情況

投資估算：項目總投資42,246.50萬元，其中人民醫院總投資12,070.50萬元，中醫院總投資為30,176.00萬元。

資金籌措：本項目總投資42,246.50萬元，其中資本金23,246.50萬元，佔總投資的55.03%。資本金來源於財政預算資金和中央預算資金，其中人民醫院中央預算資金5,000萬元，中醫院中央預算資金8,610萬元，合計13,610萬元。此外，本項目計劃發行專項債券融資19,000萬元，佔總投資的44.97%。

五、項目收益與融資平衡情況

本項目收入主要來源於醫院為患者提供的門診、急診和住院醫療服務收入，營運期內預計實現營業收入總結364,554.54萬元。

本項目經營期成本327,754.01萬元，財務費用8,122.5萬元。計算期內累計資金流入406,801.04萬元，累計資金流出397,123.01萬元，累計現金結餘9,678.03萬元。本項目全部19,000萬元專項債到期時，在償還當年到期的債券本息後，將仍有9,678.03萬元的累計現金結餘。

六、獨立第三方專業機構評估意見

本項目由中勤萬信會計師事務所（特殊普通合夥）安徽分所出具財務評估報告（勤信皖咨字〔2018〕第0051號）。該所認為：基於財政部對地方政府發行項目收益與融資自求平衡專項債券的要求，並根據我們對當前國內融資環境的研究，認為該項目可以以相較銀行貸款利率更優惠的融資成本完成資金籌措，為該項目提供足夠的資金支持，保證四川省眉山市彭山區醫院項目順利施工。同時，項目建成後通過項目收益提供了充足、穩定的現金流入，符合項目收益與融資自求平衡的條件，充分滿足四川省眉山市彭山區醫院項目專項債券還本付息要求。

本項目由北京盈科（合肥）律師事務所出具法律意見書（〔2018〕盈非訴字第HF2480號）。該所認為：申請項目具備申請入庫的條件，但尚需取得發行的省級人民政府批准及向財政部備案；項目業主單位為合法設立及有效存續的主體，項目已取得立項、規劃、政府等必備的批准文件及土地不動產權證，具備建設實施的許可手續；申請項目存在相關法律風險，但均可設置風險防範措施，不構成實質性障礙。

案例總結：

一、項目背景

1. 符合國家重大戰略規劃

《中華人民共和國國民經濟和社會發展第十三個五年（2016—2020年）規劃綱要》要求加強公共衛生服務體系建設，逐步提高人均基本公共衛生服務經費標準，擴大國家基本公共衛生服務項目，實施重大公共

衛生服務專項，提高重大突發公共衛生事件處置能力。加強城鄉醫療服務體系建設，加強以縣醫院為龍頭、鄉鎮衛生院和村衛生室為基礎的農村三級醫療衛生服務網絡建設，新增醫療衛生資源重點向農村和城市社區傾斜。

《國務院辦公廳關於保持基礎設施領域補短板力度的指導意見》（國辦發〔2018〕101號）指出在社會民生領域支持教育、醫療衛生等設施建設，同時要求加強地方政府專項債券資金和項目管理，合理安排發行進度。

《「十三五」衛生與健康規劃》指出，黨中央、國務院高度重視衛生與健康事業發展，提出推進健康中國建設，將衛生與健康事業發展擺在了經濟社會發展全局的重要位置。力爭到2020年，覆蓋城鄉居民的基本醫療衛生制度基本建立，實現人人享有基本醫療衛生服務，人均預期壽命在2015年基礎上提高1歲。

2. 符合省/市/縣重點戰略規劃

《眉山市「十三五」衛生和計生事業發展規劃》提出，為滿足全市人民群眾日益增長的健康需求和經濟社會發展對衛生計生事業發展的新要求，要積極推進「健康眉山」建設，不斷提高人民健康水準，推進眉山衛生計生事業發展。當前眉山醫療資源總體處於全省中等偏下水準，還有部分指標低於全省平均水準。優質資源短缺，醫療衛生服務質量有待提升。十三五期間要加快市級醫療機構建設，擴大優質醫療資源供給，並將彭山區人民醫院、彭山區中醫醫院建設項目列為「十三五」時期醫療衛生計生服務體系建設重大項目。

二、滿足公益性要求

通過本項目的建設，可進一步提升彭山區醫療服務能力和衛生服

水準，增強彭山區醫療衛生輻射帶動能力，有利於提高當地人民群眾的健康水準。同時，項目竣工後，將提供更多的就業崗位，對緩解地方就業壓力有積極作用，因此本項目具有顯著的公益性。

三、收益覆蓋債券本息

經中勤萬信會計師事務所（特殊普通合夥）安徽分所出具的財務評估報告可以得知，本項目實施後項目收益能夠覆蓋債券本息。

綜上所述：本次計劃發行的四川省眉山市彭山區醫院項目符合專項債券相關的國家政策和地方規劃，項目公益性顯著，符合《關於試點發展項目收益與融資自求平衡的地方政府專項債券品種的通知》（財預〔2017〕89號）要求。本次專項債券還本付息來源於項目自身收入，債務風險鎖定在項目內，並按照市場規則向投資者進行詳細的項目信息披露，保障投資者權益，具備發行項目收益與融資自求平衡專項債券條件。

第九節 學校類項目案例

四川省內江市高級技工學校（一期）項目專項債券

2019年1月29日，四川省公開發行2019年四川省學校建設專項債券（一期）—2019年四川省政府專項債券（十一期），發行額0.6億元，發行期限10年，票面利率3.38%。本項目專項債券截至目前已發行兩次，累計發行金額1.49億元。本項目發行的信息披露整理如下：

一、項目參與主體情況

實施機構：內江建工集團有限責任公司

項目業主：內江建工集團有限責任公司

二、項目建設內容

內江市高級技工學校（一期）項目為城市教育基礎設施建設項目。項目分兩期建設，一期項目包括教學樓、宿舍、食堂、實訓樓及車間、培訓中心等建設內容。總建築規劃面積80,049.66平方米。

三、經濟社會效益

經濟效益分析：項目的建設有利於提升項目區域經濟，有利於提升內江市生產一線的勞動者和技能型人才的整體素質，進一步推進產業結構優化升級，轉變經濟增長方式。

社會效益分析：本項目的建設可明顯改善內江市辦學的基礎設施條件，改善校園教學、生活、學習環境，可對內江市的教育事業發展做出更大的貢獻。

四、投資估算及資金籌措方案

投資估算：本項目總投資49,149.42萬元，其中工程費用30,570.48萬元，占總投資的62.20%；工程建設其他費用12,347.00萬元，占總投資的25.12%；基本預備費3,475.44萬元，占總投資的7.07%；建設期利息2,719.50萬元，占總投資的5.53%；債券發行費用37.00萬元，占總投資的0.08%。

資金籌措：本項目總投資49,149.42萬元，其中資本金12,149.42萬元，占總投資的24.72%。資本金來源於項目單位自有資金。資本金分三年投入，2018—2020年分別投入6,518.50萬元、2,425.00萬元、3,205.92萬元。另計

劃發行專項債券融資 37,000 萬元，占總投資的 75.28%。其中 2018 年計劃發行專項債券 18,500 萬元，2019 年計劃發行專項債券 18,500 萬元。

該項目 2018 年已實際發行 10 年期一批次共計 8,900 萬元，2019 年已實際發行 10 年期一批次共計 6,000 萬元，截至 2019 年 6 月 3 日，已發行 10 年期兩批次共計 14,900 萬元。

五、項目收益與融資平衡情況

本項目收入來源校園租賃收入和內江高級技工學校原有土地出讓收入。本項目租金收入 38,443.59 萬元，土地出讓收入 26,980.00 萬元。

本項目主要營運成本：本項目應付債券利息共 18,130 萬元，其中經營期債券利息即財務費用共 15,410.5 萬元；折舊費 19,760.90 萬元；攤銷費 3,196.87 萬元。

本項目全部 37,000 萬元專項債到期時，在償還當年到期的債券本息後，將仍有 7,867 萬元的累計現金結餘，期間將不存在任何資金缺口。

六、獨立第三方專業機構評估意見

本項目由四川眾信會計師事務所出具財務評估報告（川眾信專字〔2018〕第 0814-1 號）。報告通過對營運期各項目收入的估算，預期項目收益償還本金和利息情況為：在營運期各項目收入按預期年增長率增長的情況下，本息覆蓋率為 1.17 倍，風險評估結論為本項目具有較強的抗風險能力。

本項目由北京盈科（合肥）律師事務所出具法律意見書（〔2018〕盈合肥非訴字第 HF2472 號）。該所認為：四川省內江市高級技工學校（一期）項目的項目業主為內江建工集團有限責任公司，其依法有效存續

且具備主體資格；本項目開發進程取得了相關部門的批准或核准，且正在辦理相關不動產權證書；如《財務評估報告》所述，本項目具有較強的抗風險能力，項目預期收入能夠合理保障償還融資本金和利息，實現項目收益與融資自求平衡；為本次申報提供服務的諮詢公司具備諮詢資質，提供服務的會計師事務所、律師事務所均為符合資質要求的第三方機構。

案例總結：

一、項目背景

1. 符合國家重大戰略規劃

黨的十八大以來，在以習近平同志為核心的黨中央領導下，圍繞培養什麼人、怎樣培養人、為誰培養人這些根本問題，全面加強黨對教育工作的領導，推進教育改革，加快補齊教育的短板。

2. 符合省/市/縣戰略規劃

四川省政府積極落實國家政策，始終堅持把發展現代職業教育作為加快轉變經濟發展方式的基礎工程，向全省下發了《四川省人民政府關於加快發展現代職業教育的實施意見》《四川省教育廳關於印發〈四川省高等職業教育創新發展行動計劃總體實施方案〉的通知》等指導文件，大力實施職業教育攻堅計劃，建設現代職業教育體系。

《內江市國民經濟和社會發展第十三個五年規劃綱要》提出十三五期間要推進職業教育和高等教育加快發展，建立完善現代職業教育體系，強化職業教育的實用性和專業性，抓好產教融合和校企合作，完善企業參與制度，推進職業教育集團化辦學。

二、滿足公益性要求

項目的建設有利於加快內江市職業教育發展，提升內江市生產一線的勞動者和技能型人才的整體素質。另外，項目的建設有利於促進社會就業和解決「三農」問題。在農村普及九年義務教育的同時，大力發展職業教育和技能培訓，使廣大農民適應工業化、城鎮化和農業現代化的要求，這也是內江市現代化建設的一項重大戰略性任務。

三、收益覆蓋債券本息

本項目全部 37,000 萬元專項債到期時，在償還當年到期的債券本息後，將仍有 7,867 萬元的累計現金結餘，期間將不存在任何資金缺口。本項目的項目收益能夠覆蓋債券本息。

綜上分析：四川省內江市高級技工學校（一期）項目符合國家戰略規劃，項目收益穩定，可以償付債券本息，具備發行收益與融資自求平衡專項債券的條件。項目建設將極大改善內江市高級技工學校的辦學條件，增強軟硬件設施，提升教學檔次，促進學校的發展。對地區的教育事業、經濟發展和全面建設小康社會有積極的推動作用。

陝西省屬高校教育類項目專項債券

2018 年 8 月 15 日，陝西省公開發行 2018 年陝西省省級教育類項目收益專項債券（一期），此次發行額為 13 億元，發行期限為 7 年，利率 4.12%。本次發行信息披露整理如下：

一、項目參與主體

本次專項債券的發行主體為陝西省人民政府，陝西省財政廳為具體

組織單位，陝西省屬 10 所高校為項目業主單位。

二、項目建設內容

本項目總建築面積 1,049,593.79 平方米，主要建設內容包括：西安工業大學未央校區三期建設、延安大學新校區一期項目、陝西科技大學實訓樓建設、陝西科技大學一流學科設備購置等 10 所高校的基本建設項目 10 項及設備購置項目 1 項。

三、經濟社會效益

本項目的建設不僅是陝西省「科教興陝、人才強省」發展戰略的重要踐行，能夠有效提升相應高校的教學質量，而且是全面建設小康社會和構建和諧社會的重要舉措，可以在傳承城市歷史文脈、強化公共文化服務、豐富居民文化生活等方面起到積極作用，促進地區社會、經濟、文化全面進步，具有良好的經濟社會效益。

四、項目估算與資金籌措

本項目總投資為 515,327 萬元，其中基礎建設項目 507,327 萬元，申請專項債券 122,000 萬元；設備購置總投資 8,000 萬元，申請專項債券 8,000 萬元。合計擬申請專項債券 130,000 萬元。

五、收益與融資自求平衡

本項目根據 10 所高校歷史財務數據及合理的未來預期，2018—2025 年各高校在項目存續期間開展教學、科研業務活動能夠產生持續穩定的淨現金流，包括償還未來到期債券本金後的各年期末現金結餘均在

360,000萬元以上，期末累計現金結餘預計為393,525.03萬元。

六、獨立第三方專業機構評估意見

本項目由天職國際會計師事務所（特殊普通合作）出具財務評估報告（天職業字〔2018〕15894號），該所從本項目資金的穩定性及充足性給予評價，並最終認為，基於財政部對地方政府發行項目收益與融資自求平衡的專項債券的要求，並結合以上10所高校各自上報的《專項債券實施方案》的分析，認為本項目可以以相較銀行貸款利率更優惠的融資成本完成資金籌措，為本項目建設提供充足的資金支持，其持續穩定的現金流入充分滿足項目建成後的還本付息要求。

本項目由陝西洪振律師事務所出具法律意見書，律所從對項目的發行主體以及項目單位10所高校的主體資格、參與評估的第三機構資格以及風險控制措施做了合法、合規性評價，最終該所律師認為：本次發行不存在法律風險，相關項目建設及財務風險不構成本次發行實質性的法律障礙。

案例總結：

一、項目背景

1. 符合國家重大戰略規劃

《中共中央關於制定國民經濟和社會發展第十三個五年規劃的建議》明確要求：①要提高高校教學水準和創新能力，使若干高校和一批學科達到或接近世界一流水準；②要推動一批高水準大學和學科進入世界一流行列或前列，提升高等教育綜合實力和國際競爭力，培養一流人才，

產出一流成果；③要引導和支持高等院校優化學科結構，凝練學科發展方向，突出學科建設重點，通過體制機制改革激發高校內生動力和活力。

《國家中長期教育改革和發展規劃綱要（2010—2020年）高等教育專題規劃》明確指出西部高等學校以人才培養質量、科學研究水準與社會服務能力為目標，重點建設一批中西部本科高等學校，提高中西部高等教育發展水準，支撐中西部區域經濟、社會和文化建設的快速發展。

2. 符合省/市重大戰略規劃

《中共陝西省委、陝西省人民政府關於貫徹<國家中長期教育改革和發展規劃綱要（2010—2020年）>的實施意見》要求，高等教育要努力成為戰略新興產業的促進者，區域發展的助推器，學習型社會的建設者，大力提高教師服務經濟社會發展的能力，不斷壯大創新人才隊伍。

二、滿足公益性要求

本項目10所高校基礎建設項目的完成，可滿足高等教育教學改革、科學研究及其產業實踐需求；可滿足高級專業人才培養及服務區域社會經濟發展的需求；可滿足國家眾創空間創新成果展示及大學生文化創意成果轉化要求，公益性顯著。

三、收益覆蓋債券本息

根據天職國際會計師事務所（特殊普通合作）出具的財務評估報告顯示，該項目資金充足穩定，其收益能夠完全覆蓋債券本息。

綜上分析：陝西省屬高校教育項目專項債券的發行是順應國家與陝西省對於教育事業發展政策導向的。本項目規劃和建設方案科學、合理，收益穩定充足，能夠還本付息，法律、政策、工程等風險較低，具備發

行項目收益與融資自求平衡專項債券的條件。

第十節 城市軌道項目案例

2017 年深圳市軌道交通專項債券

2017 年 12 月 11 日，深圳市通過深圳證券交易所政府債券發行系統成功招標發行 2017 年深圳市軌道交通專項債券，這是中國首例項目收益與融資自求平衡的地方政府專項債券新品種，發行期限 5 年，票面利率 3.82%。本項目發行的信息披露整理如下：

一、項目參與主體情況

牽頭單位：深圳市財政委員會

項目業主：深圳市地鐵集團有限公司

二、項目建設內容

軌道交通 14 號線項目已納入深圳市城市軌道交通第四期建設規劃，該項目起自福田中心區崗廈北樞紐，經羅湖區、龍崗區至坪山區（深惠邊界），線路全長 52.463 千米，連接福田中心地區、清水河、布吉、橫崗、龍崗大運新城、坪山中心區以及坑梓等區域，是深圳市東部線網的重要組成部分。該項目設計時速 120km/h，全線設站 15 座，均為地下站，其中樞紐站 3 座（崗廈北、布吉和大運），換乘站 9 座（黃木崗、清水河、石芽嶺、四聯、坳背、南約、坪山圍、朱洋坑和沙田），標準站 3 座（寶龍、沙湖和坑梓）；布置車輛基地 1 段 1 場，分別為公園南停車場 1 座，昂鵝車輛段 1 座；設 4 座主變電站，其中新建主變電站 2 座，利用既

有主所1座（既有3號線銀海主所），昂鵝車輛段預留1座主所的場地；設控制中心1處。

三、經濟社會效益

本項目是打造粵港澳大灣區城市群，提升深圳輻射能力的需要；是強化東部發展軸，促進城市空間合理佈局的需要；14號線延伸至惠州是促進深惠同城化發展，加強區域經濟協調融合的需要；是改善自然、交通、投資環境，實現城市可持續發展的需要。

四、投資估算及資金籌措方案

本項目總投資為395.43億元，其中建築工程費用1,970,941萬元，安裝工程費用206,475萬元，設備購置費用342,604萬元，工程建設其他費用598,944萬元，預備費用311,896萬元，專項費用523,440萬元（包括車輛購置費、建設期發債利息、債券發行費用、鋪底流動資金）。

資金籌措：本項目總投資為395.43億元，其中項目資本金195.43億元，占總投資的49.4%，由政府財政預算安排；發行專項債券融資200億元，占總投資的50.6%。

五、項目收益與融資平衡情況

該項目預計於2023年1月1日正式投入營運，根據深圳地鐵目前執行的票價原則並結合客流量預測，該項目在營運期10年內預計可產生票務收入112.12億元。除票務收入外，募投項目可通過地鐵營運的資源開發獲得收益，具體包括車站商業、站內空間的開發、車站冠名權、車廂、車體、車站內廣告收入等。根據深圳地鐵營運情況，預計該項目資源開

發收入為票務收入的 15%，在營運期 10 年內項目預計可實現站內資源開發收入 16.82 億元。

募投項目在建設及營運階段產生的現金流出主要包括工程建設投入和營業支出等。其中，工程投入包括車輛購置費、土建及機電設備投資、流動資金支出等；地鐵營業支出主要包括電力燃料費、工資及福利費、生產維修費用、大修理費用、保安保潔費用、管理費用及營業稅金等。在該項目擬發行專項債券的存續期內（2017—2029 年），預計產生的現金流出合計 456.54 億元。

軌道交通 14 號線項目採取「地鐵+物業」運作模式，地鐵開通營運將帶來大量客流的週轉，而地鐵物業上蓋地的開發既可以節約城市土地資源，又可推動片區發展，形成良性循環，為城市發展創造經濟效益。項目沿線的大運站、昂鵝車輛段及清水站上蓋地將用於物業開發，在提供一定比例保障房建設的基礎上進行房地產開發，以出售商鋪及商業住宅的方式獲取收益。根據該項目專項債券實施方案，上述三個地塊擬將開發建築面積中 40%用於保障性住房建設，以成本價向政府出售，不獲取盈利，剩餘 60%的建築面積擬進行商業開發，通過住宅和商鋪銷售獲取收益，其中住宅用地及商業用地的建築面積比例分別為 80%和 20%，且均不設定自持比例及年限的限制。大運站是深圳市龍崗區綜合交通樞紐站，位於龍崗大道與龍飛大道交界處；昂鵝車輛段位於深圳市坪山區，地處該項目終點附近，隔淡水河與惠州市惠陽區毗鄰；清水河站位於深圳市城市中心城區羅湖區，站點周邊地塊具有較高開發價值。分別根據大運站周邊新開樓盤市場價格、當前坪山地區新開樓盤市場價格以及羅湖地區新開樓盤市場價格估算，且參考深圳地鐵塘朗站上蓋項目，假設所建住宅及商鋪售價未來 5 年內年均漲幅保持 6%基礎上，預計可實現物

業開發收入合計635.76億元。

該項目通過發行專項債券滿足項目剩餘投資需求，債務利息按照4%測算，根據債券發行計劃及利率計算每年財務費用。綜合考慮項目資本金流入、上述地鐵營運及物業開發兩大板塊帶來的現金淨流入，本期債券到期時（即2022年），在償還到期債券本息後，該項目現金結餘47.22億元，在本期債券存續期內，該項目現金流入能完全覆蓋當年到期債券還本付息金額。在該項目擬發行的最後一期專項債券到期年份（即2029年），在償還到期債券本息後，項目仍有現金結餘61.53億元，預計項目資金覆蓋率為1.31倍，保障程度較高。

六、獨立第三方專業機構評估意見

本項目由上海新世紀資信評估投資服務有限公司行出具了編號為新世紀債評〔2017〕011197的《2017年深圳市（本級）軌道交通專項債券（一期）—2017年深圳市政府專項債券（一期）信用評級報告》，本次發行的債券級別為AAA。畢馬威就本次發行出具了《深圳市軌道交通14號線項目專項債券方案總體評價》，認為通過發行項目收益專項債券的方式滿足部分深圳市軌道交通14號線的資金需求應是現階段較優的資金解決方案。

本項目由廣東廣和律師事務所出具法律意見書。法律意見書認為，新世紀具備本次發行的信用評級資格。項目業主出具的承諾函，承諾「關於本次發行對應資產，本公司保證在還清本次發行本金及利息前不會用於為本公司、本公司關聯公司、政府、政府融資平臺等主體融資提供抵押、質押以及其他任何形式擔保的事項。」據此，本所律師認為：本次發行的還本付息存在一定的法律風險，但以上法律風險不構成本次發行

的實質性法律障礙。

綜上分析：2017年深圳市軌道交通專項債券項目建設條件好，具有可觀的經濟效益和良好的社會效益。前期工作充分，設計方案合理，項目已經開工建設。項目收益穩定，可以償付債券本息，具備發行收益與融資自求平衡專項債券的條件。

四川省成都市有軌電車綜合開發利用項目專項債券

2019年5月6日，四川省公開發行2019年四川省城鄉基礎設施建設專項債券（八期）—2019年四川省政府專項債券（五十八期），發行額10億元，發行期限30年，票面利率4.22%。本項目發行的信息披露整理如下：

一、項目參與主體情況

主管部門：成都市住房和城鄉建設局

實施機構：成都軌道交通集團有限公司

項目業主：成都市人民政府

二、項目建設內容

本項目包括成都市有軌電車蓉2號線項目及郫溫車輛段綜合開發利用項目。成都市有軌電車蓉2號線建設內容包括車站工程、區間工程、軌道工程、供電工程、通信系統、營運調度、票務系統、車輛段及控制中心建築弱電系統、道路交通信號控制系統、站臺門、給排水及消防工程、道路工程、定修段及停車場、車輛購置等。郫溫車輛段綜合開發利用項目主要包括項目住宅、商業等建築土建工程、設備安裝工程、裝飾

裝修工程、總圖工程以及附屬設施建設工程等。

三、經濟社會效益

經濟效益：現代有軌電車具有美觀環保、性能先進、乘坐舒適等多種優勢，是一種靈活性、適應性很強的公共交通系統，在國外大中城市有著廣泛的應用基礎。本項目建設規模大、建設投資高，對區域的招商引資、經濟發展具有積極的推動作用。項目的實施也有利於提升周邊區域及輻射區域的土地價值，盤活土地資源，並供大量的就業機會。項目建設後將促進沿線片區的繁榮發展，帶動周邊居民的收入提高。

社會效益：本項目建成後，能夠完善城市發展配套，提升城市文化環境，促進經濟、社會、城市的協調發展。構建層次清晰、結構合理的多層次、多模式綜合交通體系，滿足市民多樣化出行的需要。

四、投資估算及資金籌措方案

投資估算：本項目總投資為820,811.01萬元，包括蓉2號線項目和郫溫車輛段綜合開發利用項目。蓉2號線總投資62.02億元，其中：工程費用36.78億元，工程建設其他費用8.66億元，預備費2.27億元，專項費用14.30億元。郫溫車輛段綜合開發利用項目總投資20.06億元，其中：工程費用11.81億元，工程建設其他費用6.55億元，基本預備費1.06億元，建設期利息0.65億元。

資金籌措：本項目總投資為820,811.01萬元，資金來源由項目資本金和項目收益專項債組成。其中，項目資本金47.08億元，占總投資的57.36%；發行項目收益專項債券35億元，占總投資的42.64%。

五、項目收益與融資平衡情況

本項目總收入 1,633,409.19 萬元，為政府專項收入，主要來源於軌道交通營運收入、物業開發收入和營運補貼收入，其中軌道營運收入主要包括票務收入及其他收入。

本項目總成本為 1,594,102.09 萬元，主要包括有軌電車蓉 2 號線營運成本費用（職工費用、綜合維修費、動力照明費、營運費、管理費、折舊、財務費用等）和上蓋物業開發成本費用。

專項債券到期時，在償還全部的債券本息後，將仍有 433,350.31 萬元的累計現金結餘，本息覆蓋率達 1.56 倍，還本付息保障程度較高。

六、獨立第三方專業機構評估意見

本項目由大華會計師事務所（普通合夥）有限公司出具財務評估報告（大華核字〔2019〕第 000023 號）。該所認為，通過發行成都市有軌電車蓉 2 號線及郫溫車輛段綜合開發利用項目收益與融資自求平衡專項債券的方式滿足該項目的資金需求，是現階段較優的資金解決方案。

本項目由國浩律師（成都）律師事務所出具法律意見書〔2019 國浩（蓉）律見字第 3 號〕。該所認為：

（1）項目實施主體系依法成立的有限責任公司，具備獨立法人資格，具有相應的民事權利能力和民事行為能力。公司依法有效存續，經營範圍涉及地鐵、有軌電車、輕軌等城市（城際）軌道交通項目，城市基礎設施，民用與工業建築，以及其他建設項目的投資、籌劃、建設、營運管理、設計、監理、招標及技術服務等；城市（城際）軌道交通系統沿線（站）及相關地區、地下空間資源的開發及管理；房地產綜合開發與

經營。項目建設符合經營範圍要求。

（2）本項目屬於《產業結構調整目錄（2011年本）（修正）》鼓勵類項目，成都市有軌電車蓉 2 號線項目已取得規劃、用地、可研批復文件，郫溫車輛段綜合開發利用項目已取得立項批復文件、符合法律法規的規定。根據項目實施主體出具的說明函，其將按照相關法律法規要求，繼續辦理成都市有軌電車蓉 2 號線項目、郫溫車輛段綜合開發利用項目其他相關許可，在取得相關批復後依法建設、依法管理、並接受政府及有關行政主管部門的監管和社會監督。

（3）截至本法律意見書出具之日，項目所涉資產及收益權無抵押、質押情況，成都市有軌電車蓉 2 號線項目建成投入營運後的收益權屬明確。項目實施主體尚未辦理郫溫車輛段綜合開發利用項目所涉土地權屬證書，項目實施主體承諾將依法繼續辦理郫溫車輛段綜合開發利用項目相關手續。待相關手續辦理完畢，郫溫車輛段綜合開發利用項目建成投入營運後的相關收益權屬明確。本項目資本金符合相關法律法規的規定。

（4）項目具有公益性且有一定收益，符合財預〔2017〕89 號關於「積極探索在有一定收益的公益性事業領域分類發行專項債券」的領域要求。

（5）《實施方案》經會計師事務所審核並出具《評價報告》，項目融資與收益能夠達到平衡，符合財預〔2017〕89 號關於「應當能夠產生持續穩定的反應為政府性基金收入或專項收入的現金流收入，且現金流收入應當能夠完全覆蓋專項債券還本付息的規模」的條件要求。

（6）會計師事務所、律師事務所均是依法成立且合法存續的仲介服務機構，具備為本期債券發行對應項目出具《評價報告》《法律意見書》的資質，在《評價報告》《法律意見書》上簽字的會計師、律師均具備

相應的從業資格。

案例總結：

一、項目背景

1. 符合國家重大戰略規劃

「十三五」時期，中國交通運輸發展正處於支撐全面建成小康社會的攻堅期、優化網絡佈局的關鍵期、提質增效升級的轉型期，將進入現代化建設新階段。站在新的發展起點上，交通運輸要準確把握經濟發展新常態下的新形勢、新要求，切實轉變發展思路、方式和路徑，優化結構、轉換動能、補齊短板、提質增效，更好滿足多元、舒適、便捷等客運需求和經濟、可靠、高效等貨運需求；要突出對「一帶一路」建設、京津冀協同發展、長江經濟帶發展三大戰略和新型城鎮化、脫貧攻堅的支撐保障，著力消除瓶頸制約，提升運輸服務的協同性和均等化水準；要更加注重提高交通安全和應急保障能力，提升綠色、低碳、集約發展水準；要適應國際發展新環境，提高國際通道保障能力和互聯互通水準，有效支撐全方位對外開放。

2. 符合省/市/縣戰略規劃

《四川省國民經濟和社會發展第十三個五年規劃綱要》提出，要完善綜合交通網絡，以城際鐵路、高速公路為骨幹，國省幹線公路為支撐，農村公路為基礎，客貨運樞紐為集散中心，推進現代綜合交通運輸體系建設。

成都市「十三五」城市軌道交通建設發展目標是強化城市軌道交通骨幹作用，充分發揮城市軌道交通系統運能優勢，加快推進城市軌道交

通建設，大幅提升軌道交通分擔率。至 2020 年，營運地鐵線路 500 千米以上，國鐵公交化營運 347 千米以上，同步加快市域鐵路建設，到「十三五」末，實現軌道交通在公共交通中占主體地位。

二、滿足公益性要求

本項目是建設美麗宜居公園城市的需要，有利於合理利用土地資源，實現生產生活高度協調統一，有利於提升區域市場價值的需要；也是城市高質量發展的需要，有利於提升區域開發綜合效應，構建片區與城市共享繁榮、產研與生活交互融合、城市與自然和諧交融的新氣象。

三、收益覆蓋債券本息

經會計師事務所出具的財務評估報告可以得知，本項目實施後項目收益能夠覆蓋債券本息。

綜上分析：四川省成都市有軌電車綜合開發利用項目符合國家城市軌道交通發展的要求，項目建設條件好，具有可觀的經濟效益和良好的社會效益。前期準備工作充分，設計方案合理，項目已經開工建設，且預期項目收益穩定，可以償付債券本息，具備發行收益與融資自求平衡專項債券的條件。

第十一節　交通運輸類項目案例

四川省內江市綜合客運中心站建設項目專項債券

2018 年 10 月 25 日，四川省公開發行 2018 年四川省城鄉基礎設施專項債券（一期）—2018 年四川省政府專項債券（三十六期），發行額

2.73億元，發行期限10年，票面利率3.96%，其中四川省內江市綜合客運中心站建設項目發行0.5億元。本項目發行的信息披露整理如下：

一、項目參與主體情況

實施機構：內江市路橋集團有限公司

項目業主：內江市路橋集團有限公司

二、項目建設內容

四川省內江市綜合客運中心站建設項目主要包括汽車客運站及附屬用房、公交車站及附屬設施、配套商業及辦公用房。

三、經濟社會效益

經濟效益：本項目的建設具有提升內江城市影響力的作用，便捷的交通能夠促進通訊、建築、旅遊、餐飲、商業、飯店、娛樂等相關產業發展，尤其能夠帶動第三產業升級。

社會效益：本項目的建設，依靠其輻射功能，將極大拉動周邊經濟發展，增加就業機會，加快城市化發展進程。通過本項目的建設，可以帶動新區的交通、水利、電網、信息等各項基礎設施同步規劃、同步建設、同步使用。

四、投資估算及資金籌措方案

投資估算：本項目總投資為42,811.00萬元，其中建設投資40,576.00萬元，建設期利息為2,205.00萬元，發行費用為30.00萬元。

資金籌措：本項目總投資42,811.00萬元。其中，業主自有資金

12,811.00萬元，占29.92%。該資金來源已經納入本級財政支出計劃。本項目計劃發行專項債券融資30,000.00萬元，占項目總投資的70.08%。根據資金使用計劃，擬分兩年發行，其中2018年擬發行15,000.00萬元（2018年10月已發行5,000.00萬元，其餘根據四川省政府債券發行安排發行），2019年擬發行15,000.00萬元。

五、項目收益與融資平衡情況

有效的盈利來源包括長途客運區票房收入、小件寄存收入、洗車收入、停車場停車收入、商業服務區租賃收入等。項目預計2019年主站場可試營運，2019年、2020年試營運收入分別按正常營運期（2021年）計算收入的60%、80%測算。2021年按正常營運計算收入。

本項目債券融資本金30,000.00萬元，其中2018年計劃發行債券15,000.00萬元，債券年利率4.9%，債券期限為10年；2019年發行債券15,000.00萬元，債券年利率4.9%，債券期限為10年。利息按年計息，每半年支付，本金到期一次性償還。

本項目擬於2020年12月全部竣工驗收，2020年專項債券利息計入建設期利息，2021年起計入經營期利息。

本項目經營成本還包括職工工資福利費、設備維修費、固定資產折舊費、土地使用權攤銷、水電費和其他費用，測算標準均依照《建設項目經濟評價方法與參數》第三版的要求保守估算。

本項目以經營性收入為基礎，計算期內累計資金流入115,654萬元，累計資金流出104,218萬元，累計現金結餘11,436萬元，本項目收益覆蓋率為1.63倍。

六、獨立第三方專業機構評估意見

本項目由四川眾信會計師事務所有限責任公司出具財務評估報告（川眾信專字〔2018〕第 0810-1 號）。在相關綜合客運中心站建設單位對項目收益預測及其所依據的各項假設前提下，本次評估綜合客運中心站建設項目預期收入對應的淨收入能夠合理保障償還融資本金和利息，實現項目收益與融資自求平衡。經測算，當旅客日發送量比預測下降 10%時，可用於資金平衡的項目相關收益為 49,883.78 萬元，對債券本息的覆蓋率下降為 1.12 倍。

由以上分析可見，本項目具有較強的抗風險能力。

本項目由北京盈科（合肥）律師事務所出具法律意見書（〔2018〕合肥非訴字第 HF2473 號），該所認為：項目業主單位為合法設立及有效存續的主體，項目已取得立項、規劃、政府等必備的批准文件及土地不動產權證，具備建設實施的許可手續；申請項目存在相關法律風險，但均可設置風險防範措施，不構成實質性障礙。

案例總結：

一、項目背景：

1. 符合國家重大戰略規劃

《中華人民共和國國民經濟和社會發展第十三個五年（2016—2020年）規劃綱要》提出：加強城市基礎設施建設，努力打造和諧宜居、富有活力的城市。構建佈局合理、設施配套、功能完備、安全高效的現代城市基礎設施體系。加強城市道路、停車場、交通安全等設施建設，加

強城市步行和自行車交通設施建設。完善樞紐綜合服務功能，優化中轉設施和集疏運網絡，強化客運零距離換乘和貨運無縫化銜接，實現不同運輸方式協調高效，發揮綜合優勢，提升交通物流整體效率。

2. 符合省/市/縣戰略規劃

《內江市國民經濟和社會發展第十三個五年規劃綱要（2016—2020年）》提出，「十三五」期間，深入實施城鄉基礎設施建設攻堅行動計劃。加快推進內江地區客貨運鐵路樞紐建設，盡快完善樞紐站場，重點建設內江綜合客運中心站、內江城西客運站、縣（區）樞紐站、重點物流中心（站點）以及農村客貨運站點。

《內江市城市綜合交通體系規劃（2014—2030）》提出規劃目標：構建面向大城市轉型的綜合交通體系，規劃中心城區「兩主一輔」旅遊集散中心。「兩主」為內江客運中心站和冷家灣客運站，「一輔」為黃鶴湖客運站。

二、滿足公益性要求

內江綜合客運中心站建設項目實施後，不僅能夠緩解城區交通擁堵、為市民出行提供便利，同時也能為完善城市功能、改善城市環境、樹立門戶城市形象創造有利條件，進而帶動地方經濟發展和民生改善。

三、收益覆蓋債券本息

經會計師事務所出具的財務評估報告可以得知，本項目實施後項目收益能夠覆蓋債券本息。

綜上分析：四川省內江市綜合客運中心站建設項目符合國家建設和諧宜居城市戰略要求，符合內江市國民經濟和社會發展第十三個五年規

劃綱要，項目建設條件好，具有可觀的經濟效益和良好的社會效益。前期工作充分，設計方案合理。項目收益穩定，可以償付債券本息，具備發行收益與融資自求平衡專項債券的條件。

四川省樂山市主城區智慧停車項目專項債券

2019年5月6日，四川省公開發行2019年四川省城鄉基礎設施建設專項債券（七期）—2019年四川省政府專項債券（五十七期），發行額29.855億元，發行期限10年，票面利率3.89%。其中本項目發行0.3億元，本項目發行的信息披露整理如下：

一、項目參與主體情況

實施機構：樂山市住房和城鄉建設局
項目業主：樂山城市資源開發利用有限公司

二、項目建設內容

樂山市主城區智慧停車項目包括主城區交通智能化管理系統、主城區智能停車管理項目、海棠公園停車場、人民醫院金街停車場、體育中心停車場、文星後街停車場6個子項目。

三、經濟社會效益

經濟效益：本項目建成後將為社會就業提供更多的機會（至少500個以上就業機會），幫助無業的貧困人員，給予他們通過自己勞動改善生活現狀的機會，促進社會的和諧發展。

社會效益：有效提高公共停車資源使用率和週轉率，改善樂山城區

交通和停車環境，緩解區域內停車位不足的問題，大大提升樂山城區的公共服務水準和服務質量，對於樂山市的知名度和美譽度以及區域競爭力將影響深遠。

四、投資估算及資金籌措方案

投資估算：本項目建設期為 3 年，總投資為 56,063.75 萬元，其中，工程費用 48,937.01 萬元，占 87.29%；工程建設其他費用 2,490.37 萬元，占 4.44%；預備費 2,571.37 萬元，占 4.59%；建設期利息 2,025.50 萬元，占 3.61%；發行費用 40 萬元，占 0.07%。

資金籌措：項目資金主要由樂山市財政資本金和發行專項債券籌集，其中樂山市財政資本金 16,063.75 萬元，占總投資的 28.65%；發行專項債券融資 40,000 萬元，占總投資的 71.35%。

五、項目收益與融資平衡情況

本項目的營業收入主要來自停車費收入，預計可實現營業收入合計 155,454.34 萬元。

本項目經營成本 44,259.06 萬元，折舊費 23,944.46 萬元，財務費用 15,975.00 萬元，總成本費用 84,178.51 萬元。

在項目營運期結束時，項目累計資金流入 227,063.52 萬元，累計資金流出 190,676.50 萬元，累計現金結餘 36,387.02 萬元。截至專項債券 40,000 萬元到期時，償還當年到期的債券本息後，將仍有 36,387.02 萬元的累計資金結餘。本項目收入對本息的覆蓋率為 2.68 倍，經營活動淨現金流對本息的覆蓋率為 1.59 倍。

六、獨立第三方專業機構評估意見

本項目由四川眾信會計師事務所出具財務評估報告（川眾信專字〔2018〕第1305號）。報告經專項審核認為，在對項目收益預測及其所依據的各項假設前提下，本次評價的「四川省樂山市主城區智慧停車項目」預期的項目收益能夠合理保障償還融資本金和利息，實現項目收益與融資自求平衡。

本項目由北京盈科（合肥）律師事務所出具法律意見書，該意見書認為：申請項目具備申請入庫的條件，但尚需取得發行的省級人民政府批准及向財政部備案；項目業主單位為合法設立及有效存續的主體，項目已取得立項、用地、規劃、政府等必備的批准文件，具備建設實施的許可手續；申請項目存在相關法律風險，但均可設置風險防範措施，不構成實質性障礙。

案例總結：

一、項目背景

1. 符合國家重大戰略規劃

國務院印發的《「十三五」現代綜合交通運輸體系發展規劃》要求：要加強城市交通建設；推進城市慢行交通設施和公共停車場建設；鼓勵建設停車樓、地下停車場、機械式立體停車庫等集約化停車設施。

2. 符合省/市/縣戰略規劃

《四川省國民經濟和社會發展第十三個五年規劃綱要》提出要推進現代化城市建設，轉變城市發展方式，提高城市治理能力，著力解決城市

病等突出問題，加強城市管理數字化平臺建設和功能整合，建設綜合性城市管理數據庫，開展國家智慧城市試點。加強地下綜合管廊、停車場、城市綠地等建設，積極開展海綿城市試點，防治城市內澇，提高城市綜合承載能力。

《樂山市國民經濟和社會發展第十三個五年規劃綱要（2016—2020年）》中提出：「十三五」時期，要堅持以交通為先導、城市為核心，構建水、陸、空一體化的綜合交通運輸體系和「一核多極」的現代城鎮體系，完善與旅遊城市、區域中心城市相匹配的基礎設施條件。加強信息技術在城市管理和居民生活中的應用，推進智慧城市建設。推進城市地下綜合管廊、城市停車場、城市步行道和自行車交通系統建設。深入開展智慧城市試點，推進數字化城市管理，建設城市管理信息體系。

《樂山市城市總體規劃（2011—2030）》（下文簡稱「規劃」）中提出：近期以擴大停車供應為主，停車需求管理為輔的策略；遠期以停車需求管理為主，停車場建設為輔的策略。鼓勵綜合開發，將公共停車設施與公共設施結合設置，提高停車設施的利用率和經濟效益。

二、滿足公益性要求

本項目的建設將有助於改善樂山城區交通和停車的環境，緩解區域內的停車位不足的問題，尤其是中心商業商務區一位難求的現象，從而大大提高城市環境，改善樂山城區的停車和交通狀況，緩解樂山城區停車位不足的問題，提升樂山城區的公共服務水準和服務質量，對於樂山市的知名度和美譽度以及區域競爭力將影響深遠。

三、收益覆蓋債券本息

經會計師事務所出具的財務評估報告可以得知，本項目實施後項目

收益能夠覆蓋債券本息。

綜上分析：四川省樂山市主城區智慧停車項目符合加強城鄉基礎設施建設戰略的要求，能夠有效解決城區內停車難的問題，推動智慧城市的發展，項目建設條件好，具有穩定的經濟效益和良好的社會效益。項目的前期工作充分，設計方案合理，項目已經開工建設。項目收益穩定，可以償付債券存續期間的本息，具備發行項目收益與融資自求平衡專項債券的條件。

第十二節　水務建設項目案例

綿陽市本級永興污水處理廠項目專項債券

2018年10月25日，四川省公開發行2018年四川省水務建設專項債券（二期）—2018年四川省政府專項債券（三十一期），發行額1億元，發行期限10年，票面利率3.96%。本項目發行的信息披露整理如下：

一、項目參與主體情況

實施機構：綿陽市水務（集團）有限公司

項目業主：綿陽市水務（集團）有限公司

二、項目建設內容

項目一：綿陽永興污水處理廠擴建項目，新徵地面積4,409,829平方米，現污水處理廠項目預留用地24,741.64平方米。項目擬建工業污水處理廠一座，日處理能力為總水量6萬噸，設計日處理能力為總水量9萬噸。

項目二：永興污水處理廠擴建項目廠外配套管道工程，本項目包含

京東方至永興工業污水廠的工業廢水專管（進廠管道）約 11.8 千米和永興污水處理廠尾水排放管（含工業廢水和生活污水）約 18.6 千米。

三、經濟社會效益

經濟效益：本項目並無顯著的直接投資效益，但其投資的間接經濟效益尤為重要，主要通過減少污水污染對社會帶來的經濟損失來體現。

社會效益：本項目建成後將有效解決服務區域及下游城市的污染問題，改善區域投資環境，從而吸引更多的投資者，促進城市經濟發展。本項目建設關係到經濟繁榮、社會穩定、生態環境改善，是建設文明衛生城市至關重要的基礎設施，社會效益非常顯著。

四、投資估算及資金籌措方案

永興污水處理廠擴建項目及廠外配套管道工程項目總投資額估算為 9.78 億元，包括工程費用、工程建設其他費用、預備費、建設期發債利息、債券發行費用等。其中，項目一：永興污水處理廠擴建項目總投資額估算為 4.79 億元；項目二：永興污水處理廠擴建項目廠外配套管道工程項目總投資額估算為 4.99 億元。

資金籌措：

項目一：總投資 4.79 億元。其中：項目資本金約 0.99 億元，占總投資的 20.71%，由業主單位自籌；通過發行專項債券籌資 3.80 億元，占總投資的 79.29%，計劃在 2018 年完成本項目全部投資。已發行 10 年期專項債券 2 億元。

項目二：總投資額 4.99 億元。其中：項目資本金約 1.04 億元，占總投資的 20.84%，由業主單位自籌；通過發行專項債券籌資 3.95 億元，

占總投資的 79.16%，計劃在 2018 年完成項目大部分投資（約 3.19 億元），2019 年完成剩餘投資。已發行 10 年期專項債券 1 億元。

五、項目收益與融資平衡情況

本項目建成後通過處理污水、輸送污水可以獲得穩定的營業收入。其中，項目建設內容一永興污水處理廠擴建項目留存資金總計 82,032.02 萬元，項目建設內容二資金留存總額為 86,114.44 萬元。本項目採取等額本息還款方式，兩個項目的平均年現金流都在 7,000 萬以上，足夠保障項目還本付息要求。

六、獨立第三方專業機構評估意見

本項目由四川銀巢會計師事務所有限公司出具財務評估報告（川銀巢會咨字〔2018〕2號）。《財務評估報告》認為：發行永興污水處理廠擴建項目及廠外配套管道工程項目（第二批）收益與融資自求平衡專項債券是現階段相對於銀行長期借款較優的籌資方案，能夠為永興污水處理廠擴建項目及廠外配套管道工程項目提供足夠的資金支持，能夠保證項目順利完成施工並投入營運，項目建成後通過收取污水處理費能夠獲得穩定的現金。

本項目由四川道融民舟律師事務所出具法律意見書，該所認為：本次發行項目專項債券在償付本息上存在一定的法律風險，但是這些法律風險均不構成本次發行的實質性法律障礙。

案例總結：

一、項目背景

1. 符合國家重大戰略規劃

本次計劃發行的項目符合國家政策和地方規劃，符合《關於試點發展項目收益與融資自求平衡的地方政府專項債券品種的通知》（財預〔2017〕89號）要求。

2. 符合省/市/縣戰略規劃

《四川省國民經濟和社會發展第十三個五年規劃綱要（2016—2020年）》中提出：落實水污染防治行動計劃，實施流域共治，不斷提高地表水水質優良比例。加大城鎮生活污水處置力度，推動污水處理設施和配套管網建設及污泥處置，推廣再生水利用，整治城市黑臭水體。

項目符合綿陽市專項規劃，2014年《綿陽科技城啓動區域控制性詳細規劃》通過市規委會審議，並於同年開展集中發展區的相關建設。按照規劃方案，集中發展區將建設成為軍民融合創新驅動發展實驗區的先行區和中國西部經濟文化生態強市的樣板區。

二、滿足公益性要求

永興污水處理廠擴建項目及廠外配套管道工程項目是有效解決京東方項目污水處理問題，並綜合考慮科技城集中發展區、高新區部分污水集中處理和排放問題，同時解決涪城區、經開區部分污水處理尾水排放問題的重要措施和保障。發行項目可使排入涪江的污染物顯著減少，是關係綿陽市經濟繁榮、社會穩定、生活方便，建設文明衛生城市的至關

三、收益覆蓋債券本息

經會計師事務所出具的財務評估報告可以得知，本項目實施後項目收益能夠覆蓋債券本息。

綜上分析：永興污水處理廠擴建項目及廠外配套工程項目符合發展規劃，具有較好的經濟效益和良好的社會效益。項目前期工作準備充分，方案設計合理，項目收益穩定，可以償付債券本息，具備發行收益與融資自求平衡專項債券的條件。

四川省眉山市全域安全飲水丹棱縣青衣江引水工程專項債券

2019年5月6日，2019年四川省水務建設專項債券（六期）—2019年四川省政府專項債券（六十八期），發行額18.29億元，發行期限10年，票面利率3.99%，其中本項目發行0.56億元。本項目發行的信息披露整理如下：

一、項目參與主體情況

實施機構：丹棱縣住房和城鄉規劃測繪建設局
主管部門：丹棱縣住房和城鄉規劃測繪建設局
項目業主：丹棱發展投資控股有限責任公司

二、項目建設內容

本項目以青衣江為第一水源，丹棱縣城市給水工程為供水主軸，通過新建供水系統取水口、淨水廠沉砂池、配套建設原水管線等工程，統

籌解決丹棱縣及沿線和周邊鄉鎮的應急安全飲用水供水問題。根據《丹棱縣城市總體規劃（2012—2030 年）》，本次供水範圍為丹棱縣中心城區範圍：包括東升社區、白塔社區、城西社區、城南社區、新橋村、觀音村、群力村，城市建設用地面積約 10 平方公里。建設的內容包括三項：取水工程、原水管線和沉沙池。

三、經濟社會效益

經濟效益：提高飲用水水質的經濟作用相當於降低了醫療費等相關費用的支出，提高了人們的工作效率，其經濟效益是巨大的，也是顯著的。推進丹棱縣水務一體化發展，可減少分散取水制水所增加的投資和相應的運行費，為丹棱縣的招商引資提供良好的基礎條件，促進第三產業及旅遊業的發展。

社會效益：水是生命之源，飲水質量直接關係到千家萬戶的健康和生命安全。本項目的建設能有效解決城市供水不足難題，有利於提高城市供水保證率，對提高人們的健康水準和生活品質有著重要的意義。

四、投資估算及資金籌措方案

本項目總投資為 16,174.24 萬元，其中：工程費用 11,950.80 萬元，占 73.89%；工程建設其他費用 2,573.89 萬元，占 15.91%；預備費 1,418.65 萬元，占 8.7%；鋪底流動資金 19.40 萬元，占 0.12%；建設期利息 202.50 萬元，占 1.25%；發行費用 9.00 萬元，占 0.06%。

資金籌措：本項目總投資為 16,174.24 萬元，其中資本金 7,174.24 萬元，占總投資的 44.36%，來源於財政預算安排資金；計劃發行專項債券融資 9,000 萬元，占總投資的 55.64%。

五、項目收益與融資平衡情況

本項目的營業收入主要來源於自來水水費收入。本項目預計實現總收入 24,115.66 萬元。

本項目經營成本 5,06.26 萬元，折舊費 5,273.59 萬元，攤銷費 152.85 萬元，財務費用 3,847.50 萬元，總成本費用 14,280.19 萬元、計算期內累計資金流入 42,701.47 萬元，累計資金流出 39,048.80 萬元，累計現金結餘 3,652.67 萬元。本項目全部 9,000 萬元專項債到期時，在償還當年到期的債券本息後，將仍有 3,652.67 萬元的累計現金結餘。本項目產生的淨現金流對債券本息的覆蓋率為 1.26 倍，期間將不存在任何資金缺口。

六、獨立第三方專業機構評估意見

本項目由中勤萬信會計師事務所（特殊普通合夥）四川分所出具財務評估報告（勤信川咨字〔2018〕第 0015 號）。報告基於財政部對地方政府發行項目收益與融資自求平衡的專項債券的要求，並根據對當前國內融資環境的研究，認為該項目可以以相較銀行貸款利率更優惠的融資成本完成資金籌措，為該項目提供足夠的資金支持，保證四川省眉山市山市全域安全飲水丹棱縣青衣江引水工程項目順利施工。同時，項目建成後通過項目收益提供了充足、穩定的現金流入，符合項目收益與融資自求平衡的條件，充分滿足四川省眉山市全域安全飲水丹棱縣青衣江引水工程項目收益與融資自求平衡專項債券還本付息要求。

本項目由四川亞峰律師事務所出具法律意見書〔〔2018〕亞律意字（丹棱）第 175 號〕。該所認為：申請項目的實施主體為丹棱縣人民政府、政府機關及行業主管部門，實施主體為合法有效存續的主體，具備主體

資格。申報項目均已取得了項目所必要的可研批復、立項批復、環評批復或備案、用地批復等主管部門的批復、核准文件。如《財務評估報告》所述，申報項目具有穩定的預期償債資金來源，能夠實現項目收益與融資的平衡。為本次申報提供服務的諮詢公司具備諮詢資質，提供服務的會計事務所、律師事務所均具備從業資格。

案例總結：

一、項目背景

1. 符合國家重大戰略規劃

本次計劃發行的項目符合國家政策和地方規劃，符合《關於試點發展項目收益與融資自求平衡的地方政府專項債券品種的通知》（財預〔2017〕89號）要求。

2. 符合省/市/縣戰略規劃

《四川省國民經濟和社會發展第十三個五年規劃綱要（2016—2020年）》中提出：以保障城鄉生產生活供水為目標，統籌開發利用地表水和地下水資源，重點推進大中型水庫、引提水工程建設，加強小型水利設施建設，初步建成水資源合理配置和高效利用的現代水利體系。抓好農村飲水安全鞏固提升工作，加快城鎮供水向周邊農村延伸，農村自來水普及率達到80%以上，農村飲用水集中式供水人口比例達到85%以上，實現縣縣有1座以上中型水庫，鄉鄉有穩定供水水源，全省新增供水能力40億立方米。

項目符合眉山市和丹棱縣專項規劃，《眉山市國民經濟和社會發展第十三個五年規劃綱要（2016—2020年）》中提出：提高眉山市整體供水

能力，解決各區縣飲水安全問題，確保眉山人民的身體健康，改善眉山人民的生活品質。強化飲用水水源保護，人民生活生產用水安全，防治地下水污染。

《眉山市城市總體規劃（2011—2030）》中提出：堅持以人為本，堅持生產用水、生活用水、生態用水「三位一體」，統籌城鄉水資源，大力實施引水入城、引水入園、引水入鎮、引水入村，實施好增水、活水、見水、碧水、甜水「五水」工程。

《丹棱縣國民經濟和社會發展第十三個五年規劃綱要（2016—2020年）》中提出：強化水利基礎設施建設。加強大中型骨幹工程、農田水利、民生水利、水利扶貧等設施建設。繼續實施病險水庫和「河道堤防」除險加固，大、中型灌區續建配套和節水改造、中小河流治理、堤防建設等。抓好重點水源工程和城鎮應急備用水源工程建設，進一步推動農村飲水安全工程升級提質增效，基本形成覆蓋城鄉的供水骨幹工程網絡體系。

二、滿足公益性要求

本項目的建設可以有效解決城市供水不足難題，有利於提高城市供水保證率，對提高人們的健康水準和生活品質有著重要的意義，因此，本項目具有顯著公益性。

三、收益覆蓋債券本息

經會計師事務所出具的財務評估報告可以得知，本項目實施後項目收益能夠覆蓋債券本息。

綜上分析：四川省眉山市全域安全飲水丹棱縣青衣江引水工程項目

是眉山市為擴大城市供水規模，提高城市供水和應急保障能力，聯網解決眉山市岷江以西地區供水問題而提出的，項目具有顯著公益性。項目前期工作充分，設計方案合理。項目收益穩定，可以償付債券本息，具備發行收益與融資自求平衡專項債券的條件。

第十三節 綜合管廊項目案例

四川省成都天府空港新城地下綜合管廊骨幹網絡建設（一期）工程項目專項債券

2019年1月29日，四川公開發行2019年四川省成都天府空港新城地下綜合管廊建設專項債券（一期）—2019年四川省政府專項債券（十三期），本次發行額8億元，發行期限10年，票面利率3.38%。本次發行的信息披露整理如下：

一、項目參與主體情況

實施機構：成都高新技術產業開發區管理委員會
建設機構：成都國際空港新城建設開發有限公司
　　　　　成都高投建設開發有限公司

二、項目建設內容

本項目屬於市政基礎設施建設領域，項目內容包括北一線、東一線、機場南線（期）三條綜合管廊。管廊全長約35.345千米，建設內容包括管廊、綜合管廊監控中心、電氣工程、排水工程等。

三、經濟社會效益

經濟效益：本項目的建設有助於節約市政建設成本，加快整個空港新城片區的建設步伐，提高城市用地效率，進一步改善招商環境，帶動有效投資。

社會效益：本項目的建設有助於保證城市道路交通的順暢，方便管線維護，降低施工事故，避免或減少城市的灰塵污染及噪音，提高城市的抗災能力，有利於美化城市景觀、提高居民生活品質。

四、投資估算及資金籌措

投資估算：本項目投資總額為 666,102.58 萬元，其中：建設投資 642,852.58 萬元，建設期利息費用 20,250 萬元，發行債券相關費用 3,000 萬元；北一線管廊建設投資 341,207.82 萬元，東一線管廊建設投資 123,644.76 萬元，機場南線管廊建設投資 178,000 萬元。

資金籌措：本項目資本金為 366,102.58 萬元，占總投資的 55%，由政府財政預算安排；計劃總發債融資 300,000 萬元，占總投資的 45%，債券發行分兩年進行，2018 年與 2019 年每年發行一期，金融均為 15 億元，期限均為 10 年期。

本項目於 2018 年 9 月 17 日發行了第一期發行額 15 億元，發行期限 10 年，票面利率 4.05%。

五、項目收益與融資平衡情況

本項目收入包含四部分，包括入廊使用費、管廊維護管理費、綜合開發收入以及財政補貼收入。項目成本主要為折舊費用、管理維護成本

及財務費用。項目債券存續期累計項目收入 604,137.96 萬元，累計營運支出 80,939.37 萬元，累計項目收益 523,198.59 萬元。

本項目全部 300,000 萬元專項債到期時，在償還當年到期的債券本息後，將仍有 108,448.59 萬元的累計現金結餘，期間將不存在任何資金缺口。

六、獨立第三方專業機構評估意見

本項目由大華會計師事務所（特殊普通合夥）出具財務評估報告（大華核字〔2018〕004292 號）。該所從項目的收益與支出、項目收益與融資平衡、項目收益抗壓能力等方面進行了綜合評價。

評價結論為：基於財政部對地方政府發行項目收益與融資自求平衡的專項債券的要求，並根據我們對項目收益預測、投資支出預測、成本預測等進行的分析評價，認為該項目在發債週期內，一方面通過債券發行能滿足項目投資營運融資需要；另一方面項目收益也能保證債券正常的還本付息需要，總體實現項目收益和融資的自求平衡。綜上，項目可以採取發行項目收益與融資自求平衡專項債券的方式完成資金籌措。

本項目由北京市忠慧律師事務所出具法律意見書。該所認為：

（1）成都高新技術產業開發區管理委員會作為項目實施主體具備主體資格。空港公司和高投公司是依法設立的有限責任公司，具備公司法人資格，公司依法有效存續，空港公司、高投公司作為營運主體，符合《成都市人民政府辦公廳關於加強城市地下綜合管廊建設工作的實施意見》（成辦發〔2016〕7 號）「委託市屬專業平臺公司作為管廊管理單位，具體組織管廊營運維護管理工作」的要求。

（2）本項目是《產業結構調整目錄（2011 年本）（修正）》鼓勵類

項目，已經履行立項手續，取得環評、工程設計等許可，空港公司、高投公司承諾將在後續建設中依法依規進行項目建設。

（3）項目資本金由財政投入解決，占總投資的55%，符合《國務院關於調整和完善固定資產投資項目資本金制度的通知》（國發〔2015〕51號）關於項目資本金投入比例要求。

（4）項目具有公益性且有一定收益。

（5）項目取得的入廊費和管廊維護管理費、綜合開發費用，均是國有資源（資產）有償使用收入，屬於《四川省非稅收入徵收管理條例》第三條規定的非稅收入，收入來源合法合規。

（6）本次發行對應項目制定了資產管理機制，資產獨立性能夠得到保障，項目建成投入營運後的收益權屬明晰。

（7）本次發行收益不足以償還本息的風險可控，可實現項目收益與融資平衡。

（8）本期債券發行提供服務的審計機構、法律顧問均具備相應的從業資格。

案例總結：

一、項目背景

1. 符合國家重大戰略規劃

《中華人民共和國國民經濟和社會發展第十三個五年（2016—2020年）規劃綱要》提出：加強城市基礎設施建設，構建佈局合理、設施配套、功能完備、安全高效的現代城市基礎設施體系；加快城市供水設施改造與建設；加強市政管網等地下基礎設施改造與建設；加強城市防洪

防澇與調蓄、公園綠地等生態設施建設；支持海綿城市發展，完善城市公共服務設施；提高城市建築和基礎設施抗災能力。

《國務院辦公廳關於推進城市地下綜合管廊建設的指導意見》（國辦發〔2015〕61號）指出：推進城市地下綜合管廊建設，統籌各類市政管線規劃、建設和管理，解決反復開挖路面、架空線網密集、管線事故頻發等問題，有利於保障城市安全、完善城市功能、美化城市景觀、促進城市集約高效和轉型發展，有利於提高城市綜合承載能力和城鎮化發展質量，有利於增加公共產品有效投資、拉動社會資本投入、打造經濟發展新動力。

2. 符合省/市/縣戰略規劃

四川省人民政府辦公廳關於《全面開展城市地下綜合管廊建設工作的實施意見》（川辦發〔2015〕99號）提出，要認真落實國務院的工作部署，圍繞省委、省政府加快推進新型城鎮化的總體要求，堅持「立足實際、積極推進、規劃先行、功能完善、政府主導、社會參與」原則，把地下綜合管廊建設作為履行地方政府職責和完善城市基礎設施的重要內容，在開展省級試點的基礎上，全面推進地下綜合管廊建設。逐步提高城市道路配建地下綜合管廊的比例，有效提升城市綜合承載能力和城鎮化發展質量。

二、滿足公益性要求

本項目的建設將使得沿線大部分區域改變環境面貌，推動區域城市公共服務設施配套的完善，提高所在地居民生活水準和生活質量，提升城鎮形象，推進城鎮化建設，促進當地的可持續發展。同時，有利於改善地區衛生環境，推動市民素質、物質文明建設的不斷改善。本項目滿

足公益性要求。

三、收益覆蓋債券本息

根據財務評估報告，本項目本息保障倍數為 1.20 倍，收益能夠滿足與融資自求平衡。

綜上所述，四川省成都天府空港新城地下綜合管廊骨幹網絡建設（一期）工程項目符合國家/省市重大戰略規劃，項目是具有一定收益的公益性項目。本項目收益穩定，可以償付債券本息，具備發行項目收益與融資自求平衡專項債券條件。

青島市（黃島區）供熱設施專項債券

2019 年 3 月 25 日，山東省公開發行 2019 年青島市（黃島區）供熱設施專項債券（一期）—2019 年青島市政府專項債券（四期），發行額 8 億元，發行期限 7 年，票面利率 3.41%。本項目發行的信息披露整理如下：

一、項目參與主體情況

實施機構：青島西海岸新區城市管理局
建設單位：青島西海岸公用事業集團有限公司

二、項目建設內容

本項目中由 98 個子項目組成，項目建設包括 9 個熱源類項目和 89 個管網類項目。熱源類項目建設內容主要是對熱源項目的相關設施及其輔助配套設施進行新建、改造，管網類項目建設內容主要為項目設施的改

造升級、新建鍋爐等。

三、經濟社會效益

經濟效益：本項目的實施可有效提升項目區域內的集中供熱能力和節能減排水準，推動開發區集中供暖的發展，減少能源消耗，降低大氣污染物排放，改善環境和人居條件，保證當地熱負荷、電力需求。同時相關工程建設將帶動當地建築建材及服務業的發展，增加就業機會和就業人數，增加當地稅收。項目投產後，可對當地經濟發展起到重要的促進作用。隨著「十二五」規劃的實施，中國工業化和城市化進程不斷加快，經濟發展將保持較快的增長速度，全社會用電量仍將保持一個合理的增長規模，本工程的建設將為當地供熱系統提供有力的支持。

社會效益：項目的建設符合中國供熱行業發展的方向和「十二五」規劃的產業政策，符合當地經濟發展的要求。項目建設能給企業帶來良好的經濟效益，為企業發展壯大奠定堅實的基礎，同時還可以增加就業崗位，促進和推動當地經濟的發展，為財政增收，符合各方利益要求，社會效益明顯。能給用戶提供連續、穩定的工業蒸汽，能給城區居民提供穩定的採暖熱水，保證居民採暖季的居住舒適性，滿足民生生活需求。此外中國能源消費結構以煤為主，是世界第一大煤炭生產和消費國。生態環境、大氣質量問題已嚴重影響中國經濟社會發展和人民生命健康。本項目投產後，能減少能源消耗，降低大氣污染物排放，帶來可觀的環保效益。

四、投資估算及資金籌措方案

投資估算：本項目估算總投資為 135,599 萬元，其中：熱源類項目

總投資金額 50,849 萬元，占總投資的 37.5%；管網類項目總投資 84,670 萬元，占總投資的 62.44%；債券發行費用 80 萬元，占總投資的 0.06%。

資金籌措：本項目估算總投資為 135,599 萬元，資金主要來源於資本金和債券資金。本項目計劃於 2019 年投入資本金 55,599 萬元，擬申請專項債籌集資金 80,000 萬元，債券存續期為 7 年，利率暫按 4.5% 計算。

五、項目收益與融資平衡情況

本項目實施後主要收入來源為熱源項目和管網項目完成後共同實現的配套費收入和採暖費收入。

本項目自 2020 年開始有穩定的銷售收入，可覆蓋債券存續期間各年利息及到期償還本金的支出需求，且在 2026 年償還項目本金後仍有 49,475 萬元的期末項目累計現金結存額。債券發行期內本項目收益的本息覆蓋率為 1.47 倍。

六、獨立第三方專業機構評估意見

本項目由德勤華永會計師事務所（特殊普通合夥）深圳分所出具財務評估報告。報告通過對營運情況的估算，預期項目收益償還融資本金和利息情況為：本期債券募集資金投資項目自債券存續期第一年開始營運，於 2027 年歸還本息，該項目資金覆蓋率可達到 1.29 倍，並在營運期內各年度都有資金結餘，不存在資金缺口。

本項目由泰和泰律師事務所出具法律意見書 [2018 泰律意字（內江市市中區）第 3728 號]，本所律師認為公用事業集團是具有獨立法人資格的國有控股公司，具備實施本項目的主體資格。本期債券對應項目的總投資金額、建設規模等基本建設要素已經由可行性研究報告的批復及

或項目初步設計及概算批復確定。本期債券對應項目的資金來源符合《地方政府專項債券發行管理暫行辦法》（財庫〔2015〕83號）的有關規定，項目的還本付息資金來源於納入財政預算管理的供熱配套費。為本期債券對應項目提供專業服務並出具專項意見的會計師事務所、律師事務所具備相應的從業資質。

案例總結：

一、項目背景

1. 符合國家重大戰略規劃

2014年6月，國務院批復山東省政府，同意設立青島西海岸新區，青島西海岸新區位於膠州灣西岸，包括青島西海岸新區全部行政區域。作為中國第九個國家級新區，青島西海岸新區總體發展目標定位為：「海洋科技自主創新領航區、深遠海開發戰略保障基地、軍民融合創新示範區、海洋經濟國際合作先導區、陸海統籌發展試驗區。」目前，新區緊緊抓住發展機遇、充分發揮區域優勢條件，積極推進城鎮化建設，不斷完善基礎設施和公共服務設施功能，改善居住環境，縮小城鄉差距，統籌推進新區發展。

2. 符合省/市/縣戰略規劃

城市集中供熱是城市現代化的重要標誌，是節約能源、保護環境和改善人民生活水準的重要措施。《青島市國民經濟和社會發展第十二個五年規劃綱要》中指出：加快熱源和配套管網建設，構築以熱電聯產為主體、區域鍋爐房為輔助、潔淨能源為補充、供熱管網「環網」「聯網」運行的城市供熱體系，市區集中供熱普及率達到85%以上。

為推進青島市集中供熱行業的可持續發展，青島市先後制定和出抬了《青島市城市供熱條例》《青島市清潔能源供熱專項規劃（2014—2020年）》《青島市加快清潔能源供熱發展的若干政策》《黃島區供熱專項規劃（2016—2030年）》等一系列相關規劃和政策。其中，《青島市城市供熱條例》中第四條指出要鼓勵「燃煤清潔化應用和污染物超低排放等新技術、新工藝、新材料、新設備的研究開發和推廣使用」；第二十一條指出「清潔能源和可再生能源供熱建設項目按照規定享受國家、省、市有關節能、投資補貼」。《青島市加快清潔能源供熱發展的若干政策》中指出：要全面實施清潔能源供熱、鼓勵多種清潔能源供熱方式聯合使用和能源梯級利用；對利用清潔能源供熱的新建項目，從其所繳納供熱配套費中安排資金，給予清潔能源供熱建設投資補助。

二、滿足公益性要求

本項目位於青島西海岸新區，其實施可集中區域內供熱配套工程推動區域內城市集中供熱的發展，同時可有效提高能源利用效率，減少菸塵、二氧化硫、氮氧化物的排放量，減輕大氣污染，改善城市環境。

三、收益覆蓋債券本息

經閱讀會計師事務所出具的財務評估報告可以得知，申報項目的本息覆蓋率可達到 1.47 倍，此外，通過對經營淨收益變動進行壓力測試後，結果顯示，本項目在收入下降 20% 時，債券本息資金覆蓋率仍然大於 1 倍，因此項目收益能夠覆蓋債券的還本付息需求。

綜上分析：本項目自 2020 年開始，以配套費收入所對應的充足、穩定現金流作為還本付息的資金來源，可覆蓋債券存續期間的還本付息支

出需求。通過發行專項債券的方式進行融資以完成資金籌措，可達成本項目的實施，促進和推動當地經濟的發展，改善城市環境，滿足民生生活需求。項目收益足以償付債券本息，具備發行收益與融資自求平衡專項債券的條件。

第十四節　體育場所項目案例

四川省內江市體育中心項目專項債券

2019 年 5 月 6 日，四川省公開發行 2019 年四川省城鄉基礎設施建設專項債券（六期）—2019 年四川省政府專項債券（五十六期），發行額 28.31 億元，發行期限 7 年，票面利率 3.76%，其中本項目發行 0.7 億元。本項目發行的信息披露整理如下：

一、項目參與主體情況

實施機構：內江市體育局

項目業主：內江建工集團有限責任公司

二、項目建設內容

本項目為城市體育基礎設施建設項目，規劃總建築面積159,649.08平方米，包括體育館、游泳館、綜合館、輔助用房、地下停車庫等。

三、經濟社會效益

經濟效益：項目的建設有利於提升項目所在區域的經濟實力。本項目作為城市的綜合體育基礎設施建設，可提高內江新區的知名度和競爭

力，通過舉辦大型的體育比賽和文娛、商貿活動等，能吸引大量的外地人員來內江新城參觀、遊覽，從而帶動交通、商業、旅遊、賓館服務業等相關產業的發展，提供更多的就業崗位，增加就業人口，保持社會穩定，推動內江新城經濟的發展，同時也可以促進內江新城對外經濟技術和文化的交流。

社會效益：該項目是一項城市體育基礎設施建設項目，既解決了城市體育用地和體育設施不足的矛盾，又能使城市整體功能得到充分發揮。項目的建成，將進一步激發全民健身熱情，發展群眾體育，增強人民體質，實現體育與國民經濟和社會事業的協調發展。

四、投資估算及資金籌措方案

投資估算：本項目總投資為69,342.57萬元，其中：工程費用49,497.67萬元，占71.38%；工程建設其他費用13,113.51萬元，占18.91%；預備費5,008.89萬元，占7.22%；建設期利息1,687.50萬元，占2.43%；發行費用35.00萬元，占0.05%。

資金籌措：本項目總投資69,342.57萬元，其中資本金34,342.57萬元，占總投資的49.53%，資本金來源於財政預算安排資金。本項目計劃發行專項債券融資35,000萬元，占總投資的50.47%。2019年計劃發行7年期專項債券2億元，2020年計劃發行7年期專項債券1.5億元。

五、項目收益與融資平衡情況

本項目收入來源於體育場館、商業用房、停車場的租售收入，預計實現營業收入總計72,301.62萬元。

本項目經營成本3,565.05萬元；折舊費15,826.16萬元，攤銷費

4,970.45萬元，財務費用9,337.5萬元，總成本費用33,699.15萬元。計算期內預計累計資金流入148,874.35萬元，累計資金流出135,532.53萬元，累計現金結餘13,341.82萬元。本項目全部35,000.00萬元專項債到期時，在償還當年到期的債券本息後，將仍有13,341.82萬元的累計現金結餘，收益的本息覆蓋率為1.24倍。

六、獨立第三方專業機構評估意見

本項目由四川眾信會計師事務所有限公司出具財務評估報告（川眾信專字〔2018〕第1311號）。報告通過對營運情況的估算，預期項目收益償還融資本金和利息情況為：本期債券募集資金投資項目自債券存續期第一年開始營運，於2027年歸還本息，該項目資金覆蓋率可達到1.24倍，並在營運期內各年度都有資金結餘，不存在資金缺口。

本項目由泰和泰律師事務所出具法律意見書〔2018泰律意字（內江建工）第3685號〕，該所認為：申請項目的業主單位為內江建工集團有限公司，內江建工集團為國有企業，投資人不存在自然人及民營企業的情形，具有獨立的法律主體資格；申報項目已取得項目所必要的可研批復、不動產權證書、環評批復、初設批復等主管部門核准、批復文件並完成了建設施工相關手續的辦理；如《財務評估報告》所述，申報項目預期的項目收益能夠合理保障償還融資本金和利息，實現項目收益與融資的平衡；為本次申報提供服務的諮詢公司具備諮詢資質，提供服務的會計師事務所、律師事務所均具備為本申報項目出具專項評價報告從業資格。

案例總結：

一、項目背景

1. 符合國家重大戰略規劃

《體育產業發展「十三五」規劃》提出：要充分發揮體育產業在建設健康中國、保障和改善民生、挖掘和釋放消費潛力、增強經濟增長新動能等方面的積極作用，推動體育產業全面健康持續發展，不斷滿足大眾多層次多樣化的體育需求，提升幸福感和獲得感，為經濟發展新常態下擴大消費需求、拉動經濟增長、轉變發展方式提供有力支撐和持續動力。

《中華人民共和國體育法》規定：「國家堅持體育為經濟建設、國防建設和社會發展服務。體育事業應當納入國民經濟和社會發展計劃。國家推進體育管理體制改革。國家鼓勵企業事業組織、社會團體和公民興辦和支持體育事業。國家提倡公民參加社會體育活動，增進身心健康。地方各級人民政府應當為公民參加社會體育活動創造必要的條件，支持、扶助群眾性體育活動的開展。」

2. 符合省/市/縣戰略規劃

《內江市國民經濟和社會發展第十三個五年規劃綱要》也確定要不斷完善城鄉公共體育設施和服務體系，健全全民健身組織網絡，大力推廣全民健身，加快體育產業發展，推廣特色健身項目，促進體育和文化、康復、旅遊等產業融合發展，促進體育消費。

《內江市人民政府關於加快推進文化產業發展的實施意見》提出體育產業是內江市的四大傳統產業之一，要進一步優化提升體育產業，為群

眾開展體育活動提供場地設施和技術輔導等各種優質服務。建立健全全民健身「活動周」「活動月」制度，組織開展內容豐富多彩的體育競賽活動，吸引更多的群眾參與健身。

二、滿足公益性要求

體育中心的建設，既可完善城市基礎設施，解決城市體育用地和體育設施不足的矛盾，又能使城市整體功能得到充分發揮，給城市發展注入新的生機和活力。它也是內江市保持基礎設施領域補短板力度的重要組成部分，項目的實施將有效地改善內江市體育鍛煉基礎設施，對於促進內江市的體育發展，提高內江市人民的健康水準具有重要的意義。

三、收益覆蓋債券本息

經會計師事務所出具的財務評估報告可以得知，申報項目預期的項目收益能夠合理保障償還融資本金和利息，實現項目收益與融資的平衡。

綜上分析：群眾性體育健身活動的開展已成為中國社會主義精神文明建設的重要組成部分，是社會進步與文明發展的重要標誌之一。內江體育中心項目具有穩定的經濟效益和良好的社會效益，項目收益足以償付債券本息，具備發行收益與融資自求平衡專項債券的條件。

四川省樂山市奧林匹克中心建設項目專項債券

2019年3月25日，四川省公開發行2019年四川省城鄉基礎設施建設專項債券（五期）—2019年四川省政府專項債券（三十六期），發行額8億元，發行期限10年，票面利率3.38%，其中本項目發行1.5億元。本項目發行的信息披露整理如下：

一、項目參與主體情況

實施機構：樂山市蘇稽新區管委會

項目業主：樂山市蘇稽新區投資建設（集團）有限公司

二、項目建設內容

樂山市奧林匹克中心建設項目建設內容主要包括體育場及產業配套用房、體育館、游泳跳水館、綜合訓練館（全民健身中心）以及相關室外體育運動場地。

三、經濟社會效益

經濟效益：大型場館設施的完備，將會吸引更多的文化演出、文化展示、競技隊伍、體育競演等活動的到來，商業性賽事和文化活動質量隨之而提升，從而帶動城市消費市場的繁榮。此外，體育場館和文化演出水準的提升還將促進大眾體育運動的升溫，有助於文化娛樂、體育休閒娛樂、群眾文化交流市場需求的擴大，消費方式將向多樣化、層次化演變。同時，借助文化、體育設施的興建，文體活動逐步興起，賽事體系逐步完善，能夠豐富樂山市傳統文化旅遊項目的空白，拉動文體產業的巨大消費。

社會效益：奧林匹克中心的建設，一方面可助力樂山更好承辦省運會，另一方面還能夠完善城市公共體育設施體系，為群眾的日常健身提供多樣化的場地保障。作為大型綜合性體育中心，樂山奧林匹克中心的建設還能夠為蘇稽片區的文化、會展等活動提供場地支持，加之緊鄰蘇稽片區規劃中的文化設施用地，中心將充分發揮大型場館作用，成為蘇

稽片區文化活動的重要聚集區。

四、投資估算及資金籌措方案

投資估算：本項目總投資為253,795.00萬元，其中：工程費用182,028.00萬元，占71.72%；工程建設其他費用22,191.00萬元，占8.74%；預備費16,311.00萬元，占6.43%；土地費用27,120.00萬元，占10.69%；建設期利息6,075.00萬元，占2,39%；發行費用70萬元，占0.03%。

資金籌措：本項目總投資為253,795.00萬元，建設期為3年。項目資金主要由樂山市財政資本金和發行專項債券籌集，其中資本金183,795.00萬元，占總投資的72.42%；發行專項債券融資70,000萬元，占總投資的27.58%。

五、項目收益與融資平衡情況

本項目的營業收入主要來自體育場經營收入、體育館經營收入、游泳館經營收入、室外訓練場經營收入、綜合館經營收入、配套商業用房租賃收入、停車場收費收入。本項目預計實現總收入合計157,378.93萬元，其中營業收入合計103,538.93萬元，政府補貼性收入合計53,840.00萬元。

本項目經營成本21,884.68萬元，折舊費57,887.85萬元，攤銷費6,780.00萬元，財務費用25,425.00萬元，總成本費用111,977.53萬元。

在項目營運期結束時，項目累計資金流入417,386.27萬元，累計資金流出379,311.81萬元，累計現金結餘38,074.46萬元。本項目全部70,000萬元專項債到期時，在償還當年到期的債券本息後，將仍有

38,074.46萬元的累計現金結餘。本項目收入對債券本息覆蓋率為1.61倍，本項目經營活動產生的淨現金流對債券本息的覆蓋率為1.32倍。

六、獨立第三方專業機構評估意見

本項目由中勤萬信會計師事務所安徽分所出具財務評估報告（勤信皖咨字〔2018〕第0039號）。報告認為，該項目可以以相較銀行貸款利率更優惠的融資成本完成資金籌措，為該項目提供足夠的資金支持，保證四川省第十四屆省運會主場館建設暨樂山市保持基礎設施領域補短板專項債券——樂山市奧林匹克中心建設項目順利施工。同時，項目建成後通過項目收益提供了充足、穩定的現金流入，符合項目收益與融資自求平衡的條件，充分滿足建設項目專項債券還本付息要求。

本項目由安徽華人律師事務所出具法律意見書（〔2018〕華律法字第135號）。該意見書認為：本申報項目的實施機構為蘇稽新區開發建設管理委員會，實施主體為合法存續的主體；項目業主樂山市蘇稽新區投資建設（集團）有限公司為國有獨資的政府投資平臺，具備獨立的法律主體資格；本申報項目作為2022年四川省第十四屆運動會主場館，不僅能夠填補樂山市大型體育中心的空白，更能夠幫助樂山市健全體育賽事體系，推進樂山市公益性體育、體育社會化和體育公共服務理念的建設，為樂山市民提供更加多樣的體育文化服務設施的改善全民健身條件，為樂山市的經濟和體育文化事業注入新的活力，使得廣大市民能夠共享樂山市的開發建設成果，具有很強的公益性。擬發行債券規模和發行期限符合財政部文件規定；募投項目已取得相關部門的可研批復、建設工程規劃許可證等，符合國家產業政策，後續應該按照相關法律、法規和規範性文件的規定辦理建設施工、驗收等相關手續；根據《財務評價報告》

披露，本次債券發行具有償還計劃和穩定的資金償還來源，滿足項目收益與融資自求平衡的要求；項目業主已經承諾將會專款專用且項目對應資產將不會為融資提供擔保；為本次債券發行提供服務的諮詢公司具備經營資質，會計師事務所、律師事務所均具備相應的從業資質；本次申報項目尚待按照法律、法規及規範性文件的規定辦理債券發行相關手續。

案例總結：

一、項目背景

1. 符合國家重大戰略規劃

《國務院辦公廳關於保持基礎設施領域補短板力度的指導意見》（國辦發〔2018〕101號）指出，補短板是深化供給側結構性改革的重點任務，要聚焦關鍵領域和薄弱環節，保持基礎設施領域補短板力度，進一步完善基礎設施和公共服務，提升基礎設施供給質量。

指導意見特別提到，在社會民生領域支持教育、醫療衛生、文化、體育、養老、嬰幼兒托育等設施建設，進一步推進基本公共服務均等化。

2. 符合省/市/縣戰略規劃

《四川省國民經濟和社會發展第十三個五年規劃綱要》明確提出，要加強體育設施建設，完善公共體育服務體系，促進公共體育設施向社會開放，營造體育健身氛圍，大力推廣全民健身，增強人民體質。

《四川省體育事業發展「十三五」規劃》提出，要做到體育場地設施建設不斷完善。著力實施公共體育健身設施建設，推進城鄉社區公共體育健身設施全覆蓋，提高公共體育設施開放水準和使用率，推進省級訓練單位和訓練基礎設施新建、改建、擴建、遷建。

《樂山市國民經濟和社會發展第十三個五年規劃綱要》提出，要大力發展體育事業，進一步確立全民健身國家戰略的核心地位，創新全民健身工程的配置方式，完善群眾體育市場化機制，打造全民健身特色品牌；積極培育體育健身市場，支持發展具有地方特色的體育健身項目，鼓勵開發旅體融合項目及適合老年人特點的體育休閒運動項目；加快體育場館規劃建設，完善公共體育設施，推動各級各類公共體育設施免費或低收費開放；積極爭取承辦省內外體育賽事，支持社區群眾舉辦各類體育活動，推進全民健身。

2016年5月，樂山市發布了《樂山市人民政府關於加快發展體育產業促進體育消費的實施意見》。意見明確指出：此項工作的發展目標為把增強人民體質、提高健康水準作為根本目標，完善市場機制，優化消費環境，創造發展條件，加快構建主體多元、功能完善、特色顯著的體育產業體系，推動體育事業和體育產業協調發展，不斷擴大體育產品和服務供給，更好滿足人民群眾日益增長的體育需求。要在市中心城區蘇稽片區新建一個綜合性大型體育基礎設施。體育公共服務基本覆蓋全民，人均體育場地面積和人均體育事業經費達到全省平均水準，產業基礎得到夯實，群眾體育健身和消費意識顯著增強，經常參加體育鍛煉的人數達到120萬人。

二、滿足公益性要求

奧林匹克中心的建設不僅能夠填補樂山市大型體育中心的空白，助力樂山市承辦省運會，更能夠幫助樂山市健全體育賽事體系，完善蘇稽片區的基本服務設施，為片區內工作生活的市民提供多樣化的體育、文化服務設施。

在提升樂山市整體城市形象的基礎上，還能夠完善城市公共體育設施體系，為群眾的日常健身提供多樣化的場地保障，豐富體育訓練基地，帶動競技體育發展。

樂山市具有良好的競技運動基礎，武術、舉重競技等運動都是樂山市重點發展項目，具有良好的發展土壤，但眾多基層體校的訓練條件艱苦，設施簡陋。樂山市奧林匹克中心的建設，可以承擔部分市級、體校、青少年等運動隊的訓練工作，有效改善、提升當地運動隊的訓練條件，為樂山市競技體育的發展提供場地設施及訓練基地的基礎保障。此外，濃鬱的地方文化與新型文體產業相結合，能夠提升樂山市的特色文化，發展、延伸文化體育旅遊。

三、收益覆蓋債券本息

經會計師事務所出具的財務評估報告可以得知，本項目實施後項目收益能夠覆蓋債券本息。

綜上分析：四川省樂山市奧林匹克中心建設項目符合國家推進全民健身戰略要求，有利於提升樂山市承辦大型體育賽事的能力，促進樂山區域內全民健身事業的發展。項目建設條件好，具有穩定的經濟效益和良好的社會效益，且具有顯著公益性。前期準備工作充分，設計方案合理，項目已經開工建設。項目收益穩定，可以償付債券存續期間的債券本息，具備發行項目收益與融資自求平衡專項債券的條件。

第十五節　生態環保項目案例

四川省成都錦江綠道（一期）項目專項債券

2019年1月29日，四川省公開發行2019年四川省成都市錦江綠道

專項債（一期）—2019 年四川省政府專項債券（十二期），發行額 4 億元，發行期限 7 年，票面利率 3.32%。本項目發行的信息披露整理如下：

一、項目參與主體情況

實施機構：成都錦江綠道建設投資集團有限公司

項目業主：成都市人民政府

二、項目建設內容

本項目建設總長為 51.1 千米，實施範圍為中心城區段 46 千米，高新段 5.1 千米（單側），沿岸 50 米範圍。主要建設內容包括：綠道騎行道工程、濱河步道工程、親水棧道工程、景觀綠化帶工程、綠道附屬設施工程、橋樑工程、公測工程、交通接駁口、驛站、綠道智慧工程、海綿城市建設等；此外，還包括排污口治理工程和堤岸工程。

三、經濟社會效益

生態文明建設是中華民族永續發展的千年大計。作為「綠化全川行動方案」的成都實踐，天府綠道由三級慢行系統組成，按照「一軸兩山三環七帶」進行規劃，成都錦江綠道即為天府綠道中的「一軸」。錦江綠道一期示範項目具有較大的社會和經濟效益：一是踐行綠色發展全新實踐，打造城市綠色發展的靚麗名片；二是厚植城市自然人文環境，成為築巢引鳳的重大支撐；三是提升市民宜居生活品質，讓成都更加宜居；四是推動舊城更新，提升城市面貌及土地價值。

四、投資估算及資金籌措方案

投資估算：成都錦江綠道一期示範段項目實施範圍為成都中心城區

段和高新區段，共計 51.1 千米。項目總投資約 50.00 億元，其中工程費用為 40.03 億元，工程建設其他費用 3.37 億元，預備費用 4.36 億元，建設期利息 2.25 億元。

資金籌措：項目資本金由成都市財政撥付預算資金 10 億元，占項目總投資的 20%。40 億元資金缺口通過發行項目收益專項債券來解決。項目收益專項債計劃分兩期發行，其中 2018 年已經發行 20 億元，期限為 7 年，票面利率 4.1%，2019 年計劃發行 20 億元。

五、項目收益與融資平衡情況

本項目營運期內預計總收入為 74.65 億元，其中：2019—2026 年土地出讓溢價收入合計 49.25 億元，2020—2026 年預期收入不少於 21.74 億元，經營性收入主要包括旅遊觀光、水上娛樂項目、各級驛站及停車場收入等，合計 3.66 億元。

本項目營運期總成本 10.34 億元，其中經營成本 0.73 億元，財務成本 9.02 億元，管理成本 0.59 億元。

根據錦江綠道一期示範項目預期收益分析，該項目未來預期收入主要由土地溢價收入、報建費收入、經營性收入和驛站停車場收益等內容構成，債券存續期內預期總收入為 74.65 億元，預期總成本為 10.34 億元。按擬定的債券發行規劃，本息兌付合計 51.25 億元，其中資本化利息 2.25 億元，營運期本息合計 49 億元。本項目依靠計提的土地溢價收入和報建費收入用於還本付息，測算債券本息保障倍數達到 1.45 倍，各年度即期本息保障倍數均大於 1.04 倍。項目未來收益對本息具有一定的保障性，融資自求平衡狀況良好。

六、獨立第三方專業機構評估意見

本項目由大華會計師事務所（特殊普通合夥）出具財務評估報告（大華核字〔2018〕003989號）。該所認為：基於財政部對地方政府發行項目收益與融資自求平衡的專項債券的要求，並根據我們對項目收益預測、投資支出預測、成本預測等進行的分析評價，認為該項目在發債週期內，一方面通過債券發行能滿足項目投資營運融資需要；另一方面項目收益也能保證債券正常的還本付息需要，總體實現項目收益和融資的自求平衡。項目可以採取發行項目收益與融資自求平衡專項債券的資金籌措方案。

本項目由北京市忠慧律師事務所出具法律意見書。該所認為：

（1）綠道公司系依法設立的有限責任公司，具備公司法人資格，具有相應的民事權利能力和民事行為能力；公司依法有效存續，經營範圍涉及市政基礎設施及其他建設項目投資、建設、營運和維護等，本項目建設符合經營範圍要求。

（2）錦江綠道建設項目是《產業結構調整目錄（2011年本）（修正）》鼓勵類項目，項目建設方承諾在後續建設中依法依規進行項目建設。

（3）項目資本金由財政投入解決，佔總投資的20%，符合《國務院關於調整和完善固定資產投資項目資本金制度的通知》（國發〔2015〕51號）關於項目資本金的投入比例要求。

（4）項目具有公益性且有一定收益，符合財預〔2017〕89號關於「積極探索在有一定收益的公益性事業領域分類發行專項債券」的領域要求；符合財預〔2018〕34號文「優先在重大區域發展以及鄉村振興、生

態環保、保障性住房、公立醫院、公立高校、交通、水利、市政基礎設施等領域選擇符合條件的項目」的領域要求。

（5）本次發行對應項目制定了資產管理相應制度，資產獨立性能夠得到保障，項目建成投入營運後的收益權屬明晰。

（6）本次發行收益不足以償還本息的風險可控，發行相關主體已採取特別保障措施，保證項目實現項目收益與融資平衡。

案例總結：

一、項目背景

1. 符合國家/省重大戰略規劃

《中華人民共和國國民經濟和社會發展第十三個五年（2016—2020年）規劃綱要》提出：根據資源環境承載力調節城市規模，實行綠色規劃、設計，實施生態廊道建設和生態系統修復工程，建設綠色城市。

《四川省國民經濟和社會發展第十三個五年規劃綱要》提出：生態建設和環境治理取得顯著成效。長江上游生態屏障、美麗四川建設取得新成效，生產方式和生活方式加快向低碳、綠色轉變。堅持生態優先、綠色發展，構建科技含量高、資源消耗低、環境污染少的產業結構和生產方式，倡導勤儉節約、綠色低碳、文明健康的生活方式和消費模式，建立健全生態文明制度體系，全面推進生態省建設。

2. 符合市/縣戰略規劃

錦江綠道是天府綠道體系中的核心「一軸」，因此又被稱為錦江「綠軸」，綠道全長240千米，錦江流域輻射全域成都70%的人口。該項目符合成都市城市總體規劃（2016—2035），按照成都市「三治一增」工作推

進情況、天府綠道規劃建設工作和對實施錦江流域綜合治理（2018年生態環境建設「一號工程」）等系列指示，按照市委市政府「構建成都文化凸顯、區域經濟聯動、文商旅有機融合、投入產出動態平衡的活力型、綠色性、持續性生態經濟產業軸綠道」基本要求，結合建設生態綠道，發掘和展示天府文化，開闢生態廊道，串聯城市各個功能區，優化城市空間的實際需求，根據初步規劃，錦江綠道將按照「分區段、分區域、分組團」原則規劃建設相關的綠道配套產業。

二、滿足公益性要求

成都錦江綠道項目是綠色發展理念在成都市的落地，是建設美麗繁榮和諧四川、高品質和諧宜居生活城市的具體措施，項目積極回應市民對美好生活的期待，讓城市形態更美麗、環境更宜人、交通更綠色、魅力更彰顯，因此該項目公益性顯著。

三、收益覆蓋債券本息

經大華會計師事務所（特殊普通合夥）出具的財務評估報告，本項目實施後項目收益能夠覆蓋債券本息。

綜上分析：四川省成都錦江綠道（一期）項目符合國家/省/市/縣戰略規劃要求。項目公益性顯著，同時具有可觀的經濟社會效益。項目收益穩定，可以償付債券本息，具備發行收益與融資自求平衡專項債券的條件。

浙江省生態環保專項債券淳安縣千島湖生態環境保護治理項目

2019年3月29日，浙江省公開發行2019年浙江省生態環保專項債

（一期）—浙江省專項債券（四期），發行額 10 億元，期限為 10 年期，發行利率 3.33%。現根據本次發行信息披露整理如下：

一、項目參與主體

項目實施單位：浙江省淳安千島湖旅遊度假區管理委員會

二、項目主要內容

本項目針對千島湖進行生態環境保護治理，主要涉及土地整治復綠、沿湖生態修復與環境提升工程、河道綜合治理工程、農業及農村面源污染防治、礦山治理和生態修復、水源地保護與建設等六個子項目。

三、經濟社會效益

經濟效益：項目的實施可以帶來多方面的效益，一是項目帶來的直接國民經濟效益，二是環境和社會改善後的經濟效益。項目的效益主要以國民經濟效益的方式來體現，主要有為千島湖配水工程提供條件、節省教育宣傳費、民眾健康改善等產生的效益。

社會效益：

（1）實現千島湖水質穩定向好，為千島湖配水工程提供條件。千島湖水質的保持和提升將為配供水工程建設提供必要的水源保障。飲用水源水質的健康達標可以促進配供水工程的建設以及飲用水的長久可持續供應，為配水工程受惠地杭州市人民的生活提供水源保障，提高生活質量。

（2）提升城市整體發展水準和發展品味。本項目可全面提升千島湖生態品質，使之成為「綠水青山就是金山銀山」的示範區和「兩山理

論」的樣板區。

（3）增加就業機會。旅遊產業的發展勢必帶動一系列相關服務行業的發展。「吃、住、行、遊、購、娛」等行業的擴容發展可以產生新的就業機會，大量的人才需求可以充分開發，實現城鎮勞動力的充分利用，帶動當地經濟發展。

四、投資估算與資金籌措

本項目總投資 13.115,6 億元，項目資本金 3.115,6 億元，占比 23.75%，由財政資金支出。剩餘資金 10 億元擬通過發行地方政府專項債券的方式籌集。

五、項目收益與融資自求平衡

本項目是推動對飲用水源保護區進行優化調整的示範項目，項目收益來源為淳安縣千島湖生態環境保護治理項目專項收入。根據千島湖生態環境治理資金補償，本項目營運期合計將獲得 18 億元的項目專項收入。本項目主要支出為專項債券的融資本息，合計 14.5 億元。本項目債券存續期內可累計實現現金結餘 3.5 億元。項目收益對債券本息覆蓋率為 1.24 倍。

六、獨立第三方機構專業評估意見

本項目由立信中聯會計師事務所（特殊普通合夥）出具財務評估報告（立信中聯咨字〔2019〕D-0001 號）。會計師事務所本項目資金的充足性與穩定性進行了充分評價，認為從項目借貸本息支付、項目收益結果分析，該項目收益對本息覆蓋率為 1.24 倍，能夠滿足資金籌措充足性

的要求。在滿足項目資金需求後，債券存續期內該項目預計不存在資金缺口且每年累計資金結餘為正數，項目資金穩定性全部可以得到保證。報告最後認為，本項目收益能夠覆蓋本期債券發行計劃的還本付息支出，符合發行項目收益與融資自求平衡專項債券的條件。

本項目由浙江澤道律師事務所出具法律意見書，該律所結論意見為：淳安縣千島湖生態環境保護治理項目政治站位高，高度圍繞黨委、政府的中心工作，符合《水污染防治法》等法律法規的規定。項目已辦理相關手續，合法合規，項目可研報告認為項目實施具有可行性。淳安縣千島湖生態環境保護治理項目已制定《實施方案》，方案對項目投資等主要事項進行了合理安排，並經相關政府部門做出承諾管理使用監督到位。綜上，本所律師核查後認為，淳安縣千島湖生態環境保護治理項目發行專項債券符合《預算法》、國發〔2014〕43 號文、財預〔2016〕155 號文、財預〔2017〕89 號文、財預〔2018〕34 號文、財庫〔2018〕72 號文等法律、法規、規章及政策文件的規定，法律依據充分，對應項目合法合規，同時項目預期收益對本息覆蓋率為 1.24 倍，符合發行項目收益與融資自求平衡專項債券的條件。

案例總結：

一、項目背景

1. 符合國家重大戰略規劃

淳安縣國民經濟和社會發展規劃及行業專項規劃習近平總書記指出「綠水青山就是金山銀山」，形成了新時代人居觀念協同發展的頂層設計思想。2017 年 10 月 18 日，習近平總書記在十九大報告中指出，堅持人

與自然和諧共生。

2. 符合省/市/縣戰略規劃

《浙江省國民經濟和社會發展第十三個五年規劃綱要》中提出堅持綠色發展，建設生態文明。綠色是轉型發展的重要導向。照著綠水青山就是金山銀山的路子走下去，堅持生態立省、綠色惠民，加快建設資源節約型、環境友好型社會，促進人口、資源、環境和經濟協調發展，構建綠色發展方式和生活方式，推動形成人與自然和諧發展的新格局，加快建設美麗浙江。

《淳安縣國民經濟和社會發展第十三個五年規劃綱要》提出堅定「綠水青山就是金山銀山」道路，深入實施「秀水富民」戰略，高水準全面建成小康社會的總體規劃。「十二五」以來，淳安縣全力推進國家主體功能區試點示範、省重點生態功能區示範區、「美麗杭州」實驗區建設，加快推動「秀水富民」，經濟社會呈現「綜合實力躍升、經濟轉型加速、生態文明進步、民生保障改善、社會和諧安定」的良好局面。《千島湖及新安江上游流域水資源和生態環境保護綜合規劃》提出流域環境保護與生態發展要堅持「保護優先」這一本質要求，強調綜合防治、預防為主，並通過創新體制機制，探索「保護生態環境、發展生態經濟、構建和諧社會」的科學發展之路。

二、滿足公益性要求

本項目基於「還湖於民、還綠於民、還生態於民」的訴求，通過土地整治復綠、生態修復與環境提升、污染防治、河道治理以及水源地保護與建設等方式，對千島湖進行生態修復和提升人居環境，因此具有顯著的公益性。

三、收益覆蓋債券本息

本項目由立信中聯會計師事務所（特殊普通合夥）出具財務評估報告，報告認為本項目實施後項目收益能夠覆蓋債券本息。

綜上所述，浙江省生態環保專項債券淳安縣千島湖生態環境保護治理項目，符合國家/省/市/重大戰略規劃，項目收益穩定，能夠還本付息，且具有顯著的公益性，具備發行項目收益與融資自求平衡專項債券的條件。

第十六節　土地整理與改造項目案例

廣元市利州區土地整治項目專項債券

2019年2月25日，四川省公開發行2019年四川省土地整理專項債券（一期）—2019年四川省政府專項債券（二十七期），發行額0.5億元（2018年已發行1.1億元，本次為接續發行），發行期限5年，票面利率3.16%。本項目發行的信息披露整理如下：

一、項目參與主體情況

實施機構：廣元市國土資源局利州分局
項目業主：廣元市利州區城鄉建設發展集團有限公司

二、項目建設內容

項目所屬領域：土地整理（鄉村振興領域）。

該項目區域包括利州區榮山鎮、大石鎮、赤化鎮、三堆鎮、工農鎮、

寶輪鎮等 6 個鄉鎮 40 個村,具體包括如下工程:

土地平整工程。旱地坡改梯 12,985.6 畝,格田整理 3,789.29 畝,旱地整理 40,472.24 畝,水田整理 6,518.2 畝,項目實現新增耕地 7,938.64 畝。

農田水利工程。整治灌溉渠長 106,164.82 米,整治山坪塘 27 口新建灌溉蓄水池 214 口,新建涵管 1,443 米。

田間道路工程。整治田間道長 97,118.9 米,新建錯車道 216 處,漿砌塊石擋牆 21,080.7 米,整治生產路長 63,106.9 米。

其他工程。項目區公示牌 8 處。

三、經濟社會效益

經濟效益:項目驗收合格後預計可新增耕地指標 7,938.64 畝,指標流轉按 5 萬元/畝計算,預計收入為 39,693.20 萬元。

社會效益:通過土地整理,將明顯增加有效耕地面積,提高耕地質量,增強農業發展後勁,保證農業持續穩定發展。

四、投資估算及資金籌措方案

項目總投資為 22,381.50 萬元,其中財政預算內資金 881.50 萬元,從項目開工後,逐步到位,同時計劃發行項目收益專項債券融資 21,500.00 萬元。

五、項目收益與融資平衡情況

項目驗收合格後預計可新增耕地指標 7,938.64 畝,分四年流轉,指標流轉按 5 萬元/畝計算,預計收入為 39,693.20 萬元。

本項目成本包括:攤銷債券利息合計 11,685.36 萬元(不包含土地

出讓應提專項資金：18,388.17萬元）。

根據融資平衡測算分析，本項目債券期限內：現金流入為62,074.70萬元，現金流出為47,321.50萬元，累計淨現金流量為14,753.20萬元，可用於償還債券本息的資金為36,253.20萬元，債券本息合計為25,800.00萬元，償債覆蓋率約為1.57倍。

六、獨立第三方專業機構評估意見

本項目由四川正則會計師事務所有限責任公司出具財務評估報告（川正則專審字〔2018〕265號）。報告指出，本次融資項目收益為耕地占補平衡指標流轉產生的現金淨流入，土地未流轉前需支付的資金利息及發行費由項目建設資金支付，項目建設資金包含項目資金及融資資金。通過對土地指標流轉價格的估算，預期土地指標流轉收入償還融資本金和利息以及項目收益情況為：收益覆蓋率為1.54倍，利息保障倍數為9.23倍，投資收益率為1.85倍。項目收益能覆蓋債券本金及利息並具備較強的盈利能力。在相關土地整理單位對項目收益預測及其所依據的各項假設前提下，本次評價的土地整理項目預期指標流轉收入能夠合理保障償還融資本金和利息，實現項目收益和融資自求平衡。

本項目由北京煒衡（成都）律師事務所出具法律意見書〔〔2018〕煒衡（成都）意字第629號〕。該所認為：廣元市國土資源局利州區分局具備負責利州區三堆鎮等八個土地整理項目專項債券之準備、方案編製和項目實施等工作的主體資格。本次利州區三堆鎮等八個土地整理項目已獲得相關部門的同意批復，具備合法性。根據《財務評價報告》，本次評價的土地整理項目預期指標流轉收入能夠合理保障償還融資本金和利息，實現項目收益和融資自求平衡。為本次申報提供服務的諮詢公司具

備經營資質，提供服務的會計師事務所、律師事務所均具備從業資格。

案例總結：

一、項目背景

1. 符合國家重大戰略規劃

《中華人民共和國國民經濟和社會發展第十三個五年（2016—2020年）規劃綱要》提出大規模推進農田水利、土地整治、中低產田改造和高標準農田建設。完善耕地佔補平衡制度，研究探索重大建設項目國家統籌補充耕地辦法，全面推進建設佔用耕地耕作層剝離再利用。

《國務院關於促進節約集約用地的通知》（國發〔2008〕3號）要求各地區充分認識節約集約用地的重要性和緊迫性，增強節約集約用地的責任感。

《土地開發整理若干意見》（國土資發〔2003〕363號）提出要落實保護資源基本國策和「在保護中開發，在開發中保護」的方針，立足保護和提高糧食綜合生產能力和可持續發展能力，全面提高土地開發整理工作水準，有效提供可利用土地資源，改善生態環境，促進資源可持續利用。

2. 符合省/市/縣戰略規劃

《四川省國民經濟和社會發展第十三個五年規劃綱要》提出要堅持最嚴格的節約用地制度，調整建設用地結構，降低工業用地比例，推進城鎮低效用地再開發和工礦廢棄地復墾，嚴格控制農村集體建設用地規模；嚴控建設佔用耕地，落實耕地佔補平衡和林地用途管制；進一步深化城鄉建設用地增減掛勾試點，探索建立農民宅基地自願有償退出機制，推

進徵地制度改革。

項目符合廣元市專項規劃，根據《利州區國民經濟和社會發展第十三個五年規劃綱要》《廣元市利州區土地利用總體規劃（2006—2020年）》《廣元市利州區土地整治規劃（2016—2020年）》文件要求，實施本項目土地整理是增加耕地面積、提高耕地質量、改善農業生產和農民生活條件、解決農民增收的一項重要措施。

二、滿足公益性要求

通過土地整理，改善群眾生產生活條件，增加有效耕地面積，提高土地利用率和產出率，提高抵禦自然災害的能力。通過改造中低產田，提高作物產量，增加農民收入。通過土地平整、完善田間灌排系統和田間道路系統，使項目區達到「田便於灌排、土層厚、交通便利」的效果，既為合理佈局各種農作物、調整農業產業結構提供良好的平臺，又能滿足改善當地人民的生活條件。合理配套灌排系統，增加農田水利設施灌排能力，提高灌溉保證率，使農業生產持續、穩定發展。完善項目區內的田間道路佈局，便於群眾生產生活，便於農產品收穫和對外運輸。通過種植生態防護林，減少水土流失，增強抵禦自然災害的能力，改善農田生態環境。本項目具有顯著的公益性。

三、收益覆蓋債券本息

經會計師事務所出具的財務評估報告可以得知，本項目實施後項目收益能夠覆蓋債券本息。

綜上分析：廣元市利州區三堆鎮等八個自籌資金土地整治項目符合全面推進鄉村振興戰略要求，項目建設條件好，具有可觀的經濟效益和

良好的社會效益。前期工作充分,設計方案合理。項目收益穩定,可以償付債券本息,具備發行收益與融資自求平衡專項債券的條件。

2019 年深圳市整體搬遷專項債券

2019 年 3 月 28 日,深圳市成功招標發行 2019 年深圳市鹽田區鹽田三村、四村和西山嚇村專項債券(一期)—2019 年深圳市政府專項債券(八期),該債券為 5+1+1 年期含權債券,票面利率 3.37%。本項目發行的信息披露整理如下:

一、項目參與主體情況

根據《2019 年深圳市鹽田區鹽田三村、四村和西山嚇村專項債券(一期)—2019 年深圳市政府專項債券(八期)實施方案》,鹽田區城市更新和土地整備局作為本債券項目的實施主體。具體項目運作方面,整體拆遷項目的拆遷工作由區更新整備局負責,土地的收儲和出讓由深圳市規劃和自然資源局鹽田管理局負責。項目安置區配建人才房由建設方建設完畢後移交鹽田區政府,由鹽田區保障房管理中心負責後期人才房的出租和管理工作。

二、項目建設內容

該項目拆遷區範圍涉及土地面積 28.86 萬平方米。除部分徵地返留地外,其餘倉儲用地、普通倉庫用地及商業性辦公用地等將在完成拆遷、土地整備等工作後進行出讓。項目安置區開發建設用地面積為 26.56 萬平方米,計容積率建築面積約 107.09 萬平方米,其中住宅建築面積 84.97 萬平方米(含 3.01 萬平方米政策性人才住房),商業建築面積

13.59 萬平方米，商務辦公建築面積 4.88 萬平方米，商務公寓建築面積 1.37 萬平方米，以及公共配套設施 2.27 萬平方米。

三、經濟社會效益

「十三五」時期是深圳率先全面建成小康社會，加快建成現代化國際化創新型城市的關鍵時期。主要目標任務是努力建成更具改革開放引領作用的經濟特區；努力建成更高水準的國家自主創新示範區；努力建成更具輻射力帶動力的全國經濟中心城市；努力建成更具競爭力影響力的國際化城市；努力建成更高質量的民生幸福城市。

鹽田三村、四村和西山嚇村等自然村散落分佈在鹽田港後方陸域，長期以來維持「村中有港、港中有村」的現象，隨著港口發展的需要，日益緊張的土地資源也制約著鹽田港後方陸域港口物流行業的發展。整體搬遷項目是鹽田區政府為貫徹市委、市政府實施「港口強市」「區港聯動」發展戰略，進一步整合鹽田港後方陸域土地資源，為東部現代港口物流業發展提供土地資源保障而實施的城中村整體搬遷改造工程。鹽田三村、四村和西山嚇村整體搬遷改造項目是鹽田區政府為東部現代港口物流業發展提供土地資源保障而實施的城中村整體搬遷改造工程，也是深圳市第一個異地安置的城市更新項目。

四、投資估算及資金籌措方案

本項目總投資為 3.44 億元，其中專項支付與中標建設單位的財政補貼款 3.30 億元，建設期利息及費用 0.14 億元。

資金籌措：本項目總投資為 3.44 億元，項目資本金 1.44 億元，占總投資的 41.87%，由政府財政資金提供，截至 2018 年年末，鹽田區政府

已支付建設單位財政補貼款1.25億元；發行專項債券融資2億元，占總投資的58.13%。

五、項目收益與融資平衡情況

根據深圳市鹽田區政府提供的《2019年深圳市（鹽田區）鹽田三村、四村和西山嚇村整體搬遷專項債券（一期）—2019年深圳市政府專項債券（八期）實施方案》，本期債券的償債資金主要來自騰空地塊的土地出讓收入和人才房租金收入等。

1. 土地出讓收入

根據專項債券實施方案，募投項目騰空的倉儲用地和普通倉庫用地2022—2025年期間每年計劃出讓10%，2026年計劃出讓4%，騰空的商業性辦公用地計劃於2025年一次性全部出讓。基於2014年至今鹽田區實際出讓的倉儲用地和商業辦公用地出讓情況，倉儲用地樓面單價為992元/平方米，商業辦公用地的加權平均出讓樓面單價為11,597元/平方米。同時，根據《關於印發深圳市第五輪市區財政體制實施方案的通知》深府〔2017〕7號的規定，對於城中村改造項目用地出讓收入，由深圳市本級與各區（新區）統一按20∶80比例分成。則本項目可用於還本付息的土地出讓收入合計為5.39億元。

2. 人才房租金收入

整體搬遷項目拆遷安置區的住宅建築面積84.97萬平方米，其中，人才安居房總建築面積為3.01萬平方米，將由建設方建設完畢後無償移交鹽田區政府。基於鹽田區住房和建設局（以下簡稱「鹽田區住建局」）與建設方的溝通，人才房計劃於2019年12月開工，2022年12月底竣工，並於2023年6月左右移交區政府。後續將由鹽田區保障房管理

中心進行房源分配及辦理相關人員入住手續，預計人才房從 2024 年開始產生穩定的出租收入。經鹽田區住建局確認，人才房的租金為片區市場指導價格的 60%，2024 年為取得租金收入的第一年，當年租金收入預計為 22.81 元/平方米/月。此外，綜合考慮深圳市經濟發展水準及宏觀經濟增長率，從 2024 年開始，每年暫按 1% 的增幅測算租金收入，空置率暫按 2% 進行估算，則債券存續期間內，項目預計取得 1,829 萬元人才房租金收入。

該項目擬通過發行專項債券滿足剩餘投資需求，債券票面利率按照 3.46% 測算，綜合考慮債券還本付息、財政資金投入、營運現金流入，本期債券到期時（即 2026 年），在償還債券本息後，仍有現金結餘 3.22 億元。在本期債券存續期內的每個年度，項目現金流入能完全覆蓋當年到期債券還本付息金額，預計項目資金覆蓋率為 2.30 倍。

六、獨立第三方專業機構評估意見

本項目由上海新世紀資信評估投資服務有限公司出具了編號為新世紀債評〔2019〕010241 的《2019 年深圳市（鹽田區）鹽田三村、四村和西山嚇村專項債券（一期）—2019 年深圳市政府專項債券（八期）信用評級報告》，本次發行的債券級別為 AAA。

本項目由德勤華永會計師事務所（特殊普通合夥）深圳分所出具財務評估報告。報告認為，基於財政部對地方政府發行專項債券的要求，本項目可以通過發行專項債券的方式，以相較其他融資方式更優惠的融資成本完成資金籌措，並以土地出讓收入和人才房出租收入所對應的充足、穩定現金流作為後續還本付息的資金來源。基於我們對相關項目收益與融資平衡的分析，我們未注意到相關項目在專項債券存續期內出現

無法滿足專項債券還本付息要求的情況。綜上所述，通過發行地方政府專項債券的方式，滿足本項目的資金需求應是現階段較優的資金解決方案。

本項目由廣東解治律師事務所出具法律意見書。法律意見書認為，本次債券發行募集資金將用於的鹽田三村、四村和西山嚇村整體拆遷項目已取得了相關的批准文件。實施主體根據相關法律法規和政府文件已取得相關的實施資格，發行人編製的《信息披露文件》已披露了本期債券的主要發行要素。為本次發行提供信用評級、評估諮詢服務、法律顧問的專業機構具備相關從業資質。

附件：有關發行人贖回選擇權的特別說明

基於實施方案，本項目專項債券將依照每年項目現金流結餘情況，有權根據實際償還能力安排提前還款條款。

由於本項目預期收益部分來源於騰空地塊土地出讓收益，出讓節奏受拆遷進度和實際出讓情況影響較大。基於實施方案，如本項目涉及的土地出讓收益提前實現，則發行人將基於收益實現情況進行提前贖回。

贖回方案一：

如原本預計於2024年二季度至2026年一季度期間出讓的土地提前至2024年一季度或之前完成，則2024年一季度發行人將有足夠項目收益提前進行債券還本。在該假設條件下，本期專項債券本息資金覆蓋率可達到2.36倍。在發行人啓動提前贖回選擇權時，本項目債券存續期內的還本付息安排如表6-1所示：

表 6-1　贖回方案　　　　　　　　　　　　　　　　單位：萬元

專項債付息還本	2019	2020	2021	2022	2023	2024
專項債券期初餘額	-	20,000	20,000	20,000	20,000	20,000
債券發行	20,000	-	-	-	-	-
利息支出	-	692	692	692	692	692
本期還本付息	-	692	692	692	692	20,692
其中：本金償還	-	-	-	-	-	20,000
其中：利息償還	-	692	692	692	692	692
專項債券期末餘額	20,000	20,000	20,000	20,000	20,000	

贖回方案二：

如原本預計於 2025 年二季度至 2026 年一季度期間出讓的土地提前至 2025 年一季度或之前完成，則 2025 年一季度發行人將有足夠項目收益提前進行債券還本。在該假設條件下，本期專項債券本息資金覆蓋率可達到 2.33 倍。在發行人啟動提前贖回選擇權時，本項目債券存續期內的還本付息安排如下表 6-2 所示：

表 6-2　贖回方案二　　　　　　　　　　　　　　　單位：萬元

專項債付息還本	2019	2020	2021	2022	2023	2024
專項債券期初餘額	-	20,000	20,000	20,000	20,000	20,000
債券發行	20,000	-	-	-	-	-
利息支出	-	692	692	692	692	692
本期還本付息	-	692	692	692	692	20,692
其中：本金償還	-	-	-	-	-	20,000
其中：利息償還	-	692	692	692	692	692
專項債券期末餘額	20,000	20,000	20,000	20,000	20,000	

2019年天津市舊城區改建項目專項債券

2019年3月19日，天津市公開發行2019年天津市政府舊城區改建專項債券（二期）—2019年天津市政府專項債券（十二期），發行額6億元，發行期限5年，票面利率3.31%。本項目發行的信息披露整理如下：

一、項目參與主體情況

實施機構：天津市南開區土地整理中心

項目業主：天津市南開區城市建設投資有限公司

二、項目建設內容

天津市南開區三峰客車廠片區舊城區改建項目主要建設內容為改造範圍內房屋徵收和基礎設施建設，東至延安路，南至密雲一支路，西至鐵路陳塘莊支線，北至芥園西道。

三、經濟社會效益

經濟效益：項目地原有建築用地佈局凌亂、容積率低的問題突出，項目的實施有利於節約土地資源，在當前拉動內需的大政策環境下，項目的建設還能帶動建材、商業、娛樂等相關行業的發展，推動民生及社會事業投資，增加當地農民的就業機會和收入，促進消費，拉動地方國民經濟的增長。

社會效益：改善居民的居住條件，提高居民的生活水準。項目地現有建築多為老式建築，建設年代較早，居住分散、環境差，既不能滿足

集中居住和城市擴張的要求，又影響了市容市貌，舊城區改造有利於形成優美的居住條件，為打造城市形象增磚添瓦。同時在外部環境上配套了教育、衛生、文化等公共設施，有利於推進平安社區建設，促進社會和諧穩定，是一項一舉多得的重大民生工程。

四、投資估算及資金籌措方案

投資估算：三峰客車廠項目計劃總投資規模為229,362萬元，其中房屋徵收補償安置費用204,785萬元，基礎設施建設費用1,925萬元，其他費用2,197萬元，預備費10,445萬元，建設期利息9,900萬元，債券發行費110萬元。

資金籌措：本項目建設期自籌資本金119,362萬元，其中2019年度、2020年度、2021年度預計分別投入資本金42,408萬元、48,976萬元和27,978萬元；通過政府發行專項債券籌集資金110,000萬元。

五、項目收益與融資平衡情況

本項目主要收入來源於土地出讓收益以及配套收益，其中項目土地出讓總收入470,000萬元，扣除政府淨收益117,500萬元、四項政策性成本15,275萬元、政策性基金為42,300萬元。剩餘412,425萬元為淨收益。

在項目營運期結束時，本項目總投資229,362萬元，按資金籌措及建設計劃投入使用。本項目債券存續期內淨收益412,425萬元，經營期需償還的融資本息為124,850萬元，資金覆蓋率為3.30倍。

六、獨立第三方專業機構評估意見

本項目由德勤華永會計師事務所深圳分所出具財務評估報告。報告

認為基於財政部對地方政府發行專項債券的要求，本項目可以通過發行專項債券的方式進行融資以完成資金籌措，並以土地出讓收入所對應的充足、穩定現金流作為還本付息的資金來源。通過對本項目收益與融資自求平衡情況的分析，我們未注意到本期專項債券存續期間內會出現無法滿足專項債券還本付息要求的情況。通過發行地方政府專項債券的方式，滿足天津市南開區舊城區改建專項債券項目的資金需求，應是現階段較優的資金解決方案。

本項目由上海勤理（北京）律師事務所出具法律意見書，該意見書認為：本期債券對應的南開區三峰客車廠片區舊城區改建項目的項目業主南開城投是具有獨立法人資格的國家出資企業，依據天津市南開區人民政府委託承擔南開區三峰客車廠片區舊城區改建項目的建設；南開區三峰客車廠片區舊城區改建項目已經辦理了固定資產投資立項備案；本期債券對應項目的資金來源符合《地方政府專項債券發行管理暫行辦法》（財庫〔2015〕83號）的有關規定；為本期債券對應項目提供專業服務並出具專項意見的會計師事務所、律師事務所具備相應的從業資質。

案例總結：

一、項目背景

1. 符合國家重大戰略規劃

2018年底中央政治局會議指出，要加強保障和改善民生，著力解決好人民群眾反應強烈的突出問題；中央經濟工作會議指出，2019年的重點工作是加強保障和改善民生，增強人民群眾獲得感、幸福感、安全感，保持經濟持續健康發展和社會大局穩定。《國務院辦公廳關於保持基礎設

施領域補短板力度的指導意見》（國辦發〔2018〕101號）指出，補短板是深化供給側結構性改革的重點任務，要聚焦關鍵領域和薄弱環節，保持基礎設施領域補短板力度，進一步完善基礎設施和公共服務，提升基礎設施供給質量，並將生態環保、交通路網、保障性安居工程、城鎮公共設施和城市排水防澇設施建設確定為補短板的重點任務。

2. 符合省/市/縣戰略規劃

近年來，天津市結合區域經濟發展和本市實際情況，根據《中華人民共和國國民經濟和社會發展第十三個五年計劃綱要》《中共天津市委關於制定天津市國民經濟和社會發展第十三個五年規劃的建議》等要求，制定了《天津市國民經濟和社會發展第十三個五年規劃綱要》。在此基礎上，進一步明確了「一基地三區」的定位、京津冀協同發展、自由貿易試驗區建設、國家自主創新示範區建設、「一帶一路」建設、濱海新區開發開放五大國家戰略疊加，機遇千載難逢，發展潛力巨大。

二、滿足公益性要求

項目實施後，在取得顯著經濟效益、社會效益的同時，必將產生巨大的環境效益。新時期人們對於改善生存環境、提高生活質量的要求越來越高，崇尚自然、陶冶情操的生態思想，漸漸成為都市生活的重要組成部分。舊城區將被改造為佈局合理、配套齊全、人居環境優良的城市新社區，極大地改善當地居民的生產、生活條件，且有利於生態環境的治理保護。

三、收益覆蓋債券本息

經會計師事務所出具的財務評估報告可以得知，本項目實施後項目

收益能夠覆蓋債券本息。

綜上分析：天津市南開區三峰客車廠片區舊城區改建項目符合舊城區改造項目發展的要求，舊城區改造能夠完善城市基礎設施，改善城區居民的居住環境，項目建設條件好，具有穩定的經濟效益和良好的社會效益，且具有顯著公益性。前期工作充分，設計方案合理，項目已經開工建設。項目收益穩定，可以償付債券存續期間的債券本息，具備發行項目收益與融資自求平衡專項債券的條件。

第十七節　其他特殊項目案例

湖北省（武漢市）兩湖隧道專項債券

2019 年 2 月 28 日，湖北省公開發行了 2019 年湖北省（武漢市）兩湖隧道專項債券（一期）—2019 年湖北省政府專項債券（六期），發行規模 25 億元，發行期限 10 年，票面利率 3.14%，利息按半年支付，到期一次性償還本金。本項目發行的信息披露整理如下：

一、項目參與主體情況

項目業主：武漢市城市建設投資發展集團有限公司

二、項目建設內容

兩湖隧道工程（東湖段）項目北起秦園路，南至珞瑜路，主線線路全長約 11.34 千米，其中北段接秦園路及二環線，兩條雙向四車道主線長度分別為 6.25 千米和 4.65 千米，南段地面段長約 0.44 千米。

三、經濟社會效益

本項目的建設有利於發揮中部地區綜合優勢，優化人口和產業佈局，擴大對內對外開放，挖掘發展潛力，增強整體競爭力，實現經濟社會又好又快發展；有利於加快推進中部地區「三個基地、一個樞紐」建設，更好地發揮湖北省承東啓西的重要作用，帶動中部地區崛起，不斷增強對全國發展的支撐能力；有利於完善中國區域發展分工，優化區域開發結構；加快形成區域協調發展新格局，為實現全面建設小康社會的宏偉目標提供有力保障。

本項目的建設，能夠形成一條交通保護走廊，在不破壞景區環境的前提下，釋放景區慢行交通，提升景區服務品質，更好實現景區保護和管理。本項目的建設兼顧了景區環境保護和經濟發展，從而實現人與自然和諧發展。

四、投資估算及資金籌措方案

本項目總投資 1,206,871 萬元，其中資本金 246,871 萬元，占總投資的 20.46%，資金來源為市財政城建資金。剩餘 79.54% 即 960,000 萬元由湖北省政府發行專項債券來籌集。

五、項目收益與融資平衡情況

本項目收入來源於東湖風景區周邊天鵝村停車場、東湖楚風園停車場收入，隧道風塔周邊上蓋物業開發收入，以及東湖生態旅遊風景區交通改造生態保護項目專項資金，債券存續期內經營活動產生的收入共計 1,496,549 萬元，項目營運成本及稅費（不含財務費用）在債券存續期內

共計 32,198 萬元。

經初步測算，債券存續期內，累計現金結餘 230,175.37 萬元，本項目對債券本金的資金覆蓋率為 1.24 倍，項目償債能力較強。

六、獨立第三方專業機構評估意見

本項目由德勤華永會計師事務所（特殊普通合夥）深圳分所出具財務評估報告。報告認為：基於財政部對地方政府發行收益與融資自求平衡專項債券的要求，本項目可以通過發行專項債券的方式進行融資以完成資金籌措，並以停車場收入、物業開發收入、兩湖隧道（東湖段）建設發展專項資金所對應的充足、穩定現金流作為還本付息的資金來源。通過對本項目收益與融資自求平衡情況的分析，我們未注意到本項目專項債券在存續期內出現無法滿足專項債券還本付息要求的情況。綜上所述，通過發行湖北省（武漢市）兩湖隧道專項債券的方式，滿足武漢市兩湖隧道項目的資金需求，應是現階段較優的資金解決方案。

本項目由湖北讚達律師事務所出具法律意見書（〔2019〕鄂讚達律非字 002 號）。該所認為：本次發行對應的投資項目已履行了前期立項手續，項目法人武漢城投集團係依法設立且合法存續的企業法人，具備實施本項目的主體資格；本次發行專項債券募集資金安排用途未違反相關規定，且有預期償還來源；出具財務評估諮詢報告的會計師事務所、出具法律意見書的律師事務所均係依法成立、合法存續的仲介服務機構，具備為本次發行出具相關文件的主體資格。

案例總結：

一、項目背景

1. 符合國家重大戰略規劃

《中華人民共和國國民經濟和社會發展第十三個五年（2016—2020年）規劃綱要》提出：加強城市道路、停車場、交通安全等設施建設，加強城市步行和自行車交通設施建設。本項目建設符合國務院印發的《「十三五」現代綜合交通運輸體系發展規劃》要加強城市交通建設的具體要求。

2. 符合省/市/縣戰略規劃

本項目被列入《武漢市 2018 年城建交通重點工程目錄》，屬於武漢市重大項目之一為了推進項目建設，成立了兩湖隧道工程建設指揮部，負責協調相關部門和單位，確保項目順利實施。

二、滿足公益性要求

本項目的建設有利於加快推進中部地區「三個基地、一個樞紐」建設，更好地發揮湖北省承東啓西的重要作用，能夠緩解城區交通擁堵，為市民出行提供便利，完善城市功能，改善城市環境，具有顯著的公益性。

三、收益覆蓋債券本息

經會計師事務所出具的財務評估報告可以得知，本項目實施後項目收益能夠覆蓋債券本息。

綜上分析：本項目符合國家戰略要求，符合湖北省戰略規劃，是武漢市重大工程之一，項目建設條件好，具有可觀的經濟效益和良好的社會效益。前期工作充分，設計方案合理。項目收益穩定，可以償付債券本息，具備發行收益與融資自求平衡專項債券的條件。

四川省阿壩州「8/8」九寨溝地震恢復重建項目專項債券

2019年3月25日，四川省公開發行2019年四川省「8.8」九寨溝地震恢復重建專項債券（一期），本次發行總額2.69億元，期限10年，票面利率3.38%。本次發行的信息披露整理如下：

一、項目參與主體情況

實施機構：九寨溝國家級自然保護區管理局
　　　　　黃龍國家級風景名勝區管理局

二、項目建設內容

九寨溝景區主要建設內容：九寨溝景區諾日朗綜合服務中心建設；九寨溝景區後勤配送中心建設；九寨溝景區溝口立體式遊客服務設施建設；九寨溝景區道路及配套設施恢復重建及綜合管道、新能源停車場建設；九寨溝景區遊覽基礎設施，包括棧道及休息亭、觀景樓、保護站、景區標示標牌等恢復重建；九寨溝景區旅遊環保廁所恢復重建。

黃龍景區項目：黃龍景區停車場實施改擴建工程；黃龍景區棧道工程。

三、經濟社會效益分析

經濟效益分析：九寨溝和黃龍項目完成後可促進區域經濟發展；增

加就業、減少區域通貨緊縮、促進經濟復甦；促進旅遊經濟的可持續發展；提高九寨溝、黃龍景區的國際知名度。

社會效益分析：九寨溝和黃龍項目的實施有利於維護社會穩定，促進民族團結才社會的全面發展。

四、投資估算及資金籌措

投資估算：本項目總投資為 238,395.00 萬元，其中九寨溝項目建設投資 217,965.00 萬元，黃龍項目建設投資 5,570.00 萬元，建設期利息 14,700 萬元，發行費用 160 萬元。

資金籌措：項目總投資 238,395.00 萬元，其中專項債籌集 160,000 萬元；財政預算資金投資 58,490 萬元；項目單位自有資金投資（社會主體籌資或其他方式籌資）19,905 萬元。

本項目於 2018 年 9 月 17 日已發行 4 億元，期限 10 年，票面利率 4.05%，本次為續發行。

五、項目收益與融資平衡情況

九寨溝項目以門票收入還本付息，預計收入為 1,001,742.69 萬元。黃龍項目以停車費收入和依託棧道的電瓶車收入還本付息，預計收入為 2,057.14 萬元。

本項目總成本主要包括經營成本、財務費用及固定資產折舊及攤銷、所得稅費用。根據測算，本項目總成本共計 593,537.23 萬元。

本項目在扣除總成本後，在營運期淨利潤為 410,262.6 萬元，據會計師事務所報告，本項目本息覆蓋率為 2.55 倍。

六、獨立第三方專業機構評估意見

本次項目由四川普信勝格威會計師事務所有限公司出具財務評估報告（川普勝會核字〔2018〕045號）。該所從項目的現金流以及應付本息情況進行了測算和評價，認為阿壩州「8/8」九寨溝地震恢復重建項目，在實現預測數據的100%、90%、80%比例時，預期項目收益都能夠合理保障償還融資本金和利息，實現項目收益和融資自求平衡。

本次項目由四川法韜律師事務所出具法律意見書。該所認為：本次項目的參與主體機構均係經批准成立的獨立法人，具備實施項目的主體資格，且本期債券投資項目已經同級人民政府批准；本期債券募集資金擬投資項目具有穩定的預期償債資金來源，對應的國有資產經營收入能夠保障償還債券本金及利息，實現項目收益與融資自求平衡；為本期債券發行提供服務的審計機構、法律顧問均具備相應的從業資格。

案例總結：

一、項目背景

《中華人民共和國旅遊法》《中華人民共和國國民經濟和社會發展第十三五年規劃綱要》《「十三五」旅遊業發展規劃》指出：十三五旅遊業發展的指導思想是高舉中國特色社會主義偉大旗幟，全面貫徹黨的十八大和十八屆三中、四中、五中、六中全會精神，深入貫徹習近平總書記系列重要講話精神，落實黨中央、國務院決策部署、《省人民政府關於支持「8.8」九寨溝災後恢復重建政策措施的意見》。本項目建設符合國家/省/市重大戰略規劃。

二、滿足公益性要求

本項目的實施，有利於增加就業，優化建設結構，帶動本地的產業發展；有利於阿壩州的對外宣傳、對外開放，能夠極大推動民族交往交流；有利於維護社會穩定和民族團結。

三、項目收益覆蓋本息

經會計師事務所出具的財務評估報告可以得知，本項目實施後項目收益能夠覆蓋債券本息。

綜上所述：四川省阿壩州「8/8」九寨溝地震恢復重建項目，能夠產生持續穩定的現金流入，滿足還本付息的要求，具有顯著的經濟效益、社會效益以及顯著的公益性，具備發行收益與融資自求平衡專項債券的條件。

附件　地方政府專項債券法律法規及政策文件目錄匯總

《中華人民共和國預算法》（2014 年修正）

《國務院關於加強地方政府性債務管理的意見》（國發〔2014〕43 號）

關於印發《新增地方政府債務限額分配管理暫行辦法》的通知（財預〔2017〕35 號）

關於印發《地方政府專項債務預算管理辦法》的通知（財預〔2016〕155 號）

關於印發《地方政府土地儲備專項債券管理辦法（試行）》的通知（財預〔2017〕62 號）

關於印發《地方政府收費公路專項債券管理辦法（試行）》的通知（財預〔2017〕97 號）

《關於試點發展項目收益與融資自求平衡的地方政府專項債券品種的通知》（財預〔2017〕89 號）

關於印發《試點發行地方政府棚戶區改造專項債券管理辦法》的通知（財預〔2018〕28 號）

《關於做好 2018 年地方政府債務管理工作的通知》（財預〔2018〕34 號）

《關於做好地方政府債券發行工作的意見》（財庫〔2019〕23 號）

《政府投資條例》（國務院令第 712 號）

《關於做好地方政府專項債券發行及項目配套融資工作的通知》（廳字〔2019〕33 號）

關於印發《土地儲備項目預算管理辦法（試行）》的通知（財預〔2019〕89 號）

國家圖書館出版品預行編目（CIP）資料

中國地方政府專項債券政策與案例 / 泓創智勝諮詢有限公司 編著.
-- 第一版. -- 臺北市：財經錢線文化, 2020.06
　　面；　公分
POD版

ISBN 978-957-680-442-7(平裝)

1.公債政策 2.中國

564.512　　　　109007391

書　　名：中國地方政府專項債券政策與案例
作　　者：泓創智勝諮詢有限公司 編著
發 行 人：黃振庭
出 版 者：財經錢線文化事業有限公司
發 行 者：財經錢線文化事業有限公司
E - m a i l：sonbookservice@gmail.com
粉 絲 頁：　　　　　網　址：
地　　址：台北市中正區重慶南路一段六十一號八樓 815 室
8F.-815, No.61, Sec. 1, Chongqing S. Rd., Zhongzheng
Dist., Taipei City 100, Taiwan (R.O.C.)
電　　話：(02)2370-3310　傳　真：(02) 2388-1990
總 經 銷：紅螞蟻圖書有限公司
地　　址：台北市內湖區舊宗路二段 121 巷 19 號
電　　話：02-2795-3656 傳真:02-2795-4100　　網址：
印　　刷：京峯彩色印刷有限公司（京峰數位）

　本書版權為西南財經大學出版社所有授權崧博出版事業股份有限公司獨家發行電子
　書及繁體書繁體字版。若有其他相關權利及授權需求請與本公司聯繫。

定　　價：500元
發行日期：2020 年 06 月第一版
◎ 本書以 POD 印製發行